T0098798

Saison
La revue des séries

2022 – 2, n° 4

Saison

La revue des séries

Géographies imaginaires

PARIS
CLASSIQUES GARNIER
2023

DIRECTEUR DE LA PUBLICATION

Claude Blum

RÉDACTEUR EN CHEF

Emmanuel Taïeb

RÉDACTEUR EN CHEF ADJOINT

Ioanis Deroide

COMITÉ DE RÉDACTION

Charlotte Blum, Marjolaine Boutet, Nicolas Charles, Claire Cornillon, Olivier Cotte, Ioanis Deroide, Benjamin Fau, Antoine Faure, Pierre Jacquet, Emmanuelle Jay, Damien Leblanc, Emma Scali, Gilles Vervisch

RESPONSABLE DE LA RUBRIQUE LIVRES

Nicolas Charles

GANG DES PARRAINS ET MARRAINES

Éric Benzekri, Benjamin Fogel, François Jost, Valérie Lavalle, Frédéric Lavigne, Charline de Lépine, Pacôme Thiellement

SECRÉTAIRE D'ÉDITION

Félix Lemieux

CONTACT

emmanuel.taieb@sciencespo-lyon.fr
Classiques Garnier
Saison. La revue des séries
6 rue de la Sorbonne
75005 Paris

ISBN 978-2-406-14627-8
ISSN 2780-7673

SOMMAIRE

SÉRIES-THÉRAPIE

RUBRIQUE LIVRES

ÉDITORIAL

Nous habitons nos séries

Sometimes you want to go / Where everybody knows your name. / And they're always glad you came. / You want to be where you can see / Our troubles are all the same. / You want to be where everybody knows your name.
Générique de *Cheers*.

Dans le double épisode de *Friends* qui se déroule à Londres (S04E23-24), le très new-yorkais Joey Tribbiani a le mal du pays. Alors qu'il regarde la télé dans sa chambre d'hôtel, il tombe par hasard sur un épisode de *Cheers*. D'abord ravi, il se décompose en quelques secondes à l'écoute du célèbre générique. Plus tard, il avoue qu'il a hâte de rentrer à New York, à la maison (*home*), « là où tout le monde connaît [son] nom ».

On peut voir dans cette scène de la chambre d'hôtel un hommage d'une grande sitcom des années 1990 à son illustre prédécesseur de la décennie 1980 : les deux séries étaient diffusées le même soir (le jeudi), un créneau que leur chaîne commune, NBC, a longtemps promu comme celui où elle programmait les meilleures séries du moment (« America's Best Night of Television », « Must See TV »).

On peut y lire aussi que les séries nous attachent à des lieux, que nous finissons par habiter. Le bar (fictif) de Boston qui donne son titre à *Cheers* est son espace principal pendant 11 saisons (275 épisodes) et le décor exclusif de toutes les scènes de la saison 1. Ce bar, les spectateurs y furent invités semaine après semaine, chaque jeudi, pendant plus de dix ans, et tout fut fait pour qu'ils s'y sentent chez eux.

Sans doute le plaisir qu'on a à retrouver Gotham City, modélisée dans l'article de David Neuman et Fabien Vergez, ou la prison d'Alexandria, investie par celui d'Anne-Laure Melquiond, n'est pas tout à fait le même que celui de se joindre aux habitués du Cheers. Sans doute l'île de *Lost*, qu'explore le texte de Julie Ambal et Florent Favard, ni celle de *Deux ans de vacances*, qu'accoste celui de Jean-Yves Puyo, n'offrent le même réconfort.

Mais en quelques épisodes, ou quelques dizaines, ou quelques centaines en comptant les ressemblances et correspondances entre différentes séries, ces lieux nous deviennent familiers. Familier le New York de *Person of Interest* observé par Nathalie Bailbe, familière la banlieue de *Mytho*, où Fabrice Gobert revient pour nous en compagnie de Benoît Lagane, comme l'est cette Occitanie où Nathalie Séverin reçoit les « set-jetteurs » venus découvrir les lieux de tournage de leur *soap* quotidien préféré. Familiers aussi les sites récurrents des *k-dramas* pour des expertes ès séries coréennes comme les StellarSisters, Caroline et Élodie Leroy. Familières enfin les cartes anachroniques de la fantasy étudiées par Florian Besson et les décors de *film noir* de tant de séries urbaines depuis les années 1950, reconstitués par l'auteur de ces lignes.

Cette intimité que nous finissons par créer avec des lieux de série et l'importance que nous accordons à cet ingrédient dans la recette d'une fiction réussie conduisent souvent à considérer le lieu comme un personnage. Il n'est pourtant nul besoin d'assimiler la petite ville de *Twin Peaks* ou le manoir de *Downton Abbey* à un agent du récit pour reconnaître le poids de leur contribution à l'identité de leur série éponyme, et on devrait plutôt réserver l'usage du terme « personnage » aux rares cas de lieux doués de volonté comme le vaisseau vivant de *Farscape* ou l'île de *Lost*.

Quoi qu'il en soit, les séries paraissent souvent indissociables de leur lieu d'élection. À tel point qu'une série qui s'achève doit parfois littéralement vider les lieux : dans les dernières secondes de *The Mary Tyler Moore Show*, Mary Richards regarde une dernière fois sa salle de rédaction, éteint la lumière et ferme la porte, tandis que dans l'ultime épisode d'*Oz*, intitulé « Exeunt Omnes[1] », les détenus sont évacués de leur prison, qui était le lieu unique de la série. Les dernières images nous montrent les locaux qui furent le théâtre de tant de drames et de violences, désormais vides, abandonnés. On comprend que le décor privé d'acteurs est devenu une coquille vide mais que réciproquement les acteurs privés de scène ne pourront plus s'exprimer. Parfois, un lieu est si consubstantiel à sa série qu'on ne peut le laisser lui survivre : Walnut Grove est dynamitée dans

---

1   « Tous sortent » en latin. Indication scénique utilisée au théâtre pour signifier que tous les personnages quittent la scène.

le dernier téléfilm qui conclut *The Little House on the Prairie* et Sunnydale est rayée de la carte à la fin de *Buffy the Vampire Slayer*, comme si l'on voulait assécher une fois pour toutes le lieu-source des récits.

Au contraire, d'autres lieux, comme les grandes métropoles prodigues en population, en activité et en histoires à raconter (« huit millions », disait un narrateur en conclusion de chaque épisode de *Naked City*) perdurent par-delà les annulations précoces et les fins bien maîtrisées, restant toujours disponibles pour de futures éventuelles histoires. Le Baltimore de David Simon n'a pas disparu à la fin de *Homicide : Life on the Street*, il a été de nouveau investi pour *The Corner*, *The Wire* et *We Own This City* et pourra être encore utilisé pour d'autres récits. Quant aux franchises new-yorkaise et chicagolaise de Dick Wolf, on est tenté de les croire éternelles, baignées qu'elles sont dans la fontaine de jouvence de leur ville, intarissable matrice sérielle.

Dans tous les cas, la fréquentation de ces lieux enrichit notre être-au-monde. Combien de temps passons-nous ainsi, ailleurs qu'à l'endroit où nous regardons nos séries ? Combien de temps dans les rues de Londres ou Séoul ? Combien d'heures dans l'Enterprise ou le Tardis ? Combien de jours chez Dunder Mifflin et Sterling Cooper ? Si l'on est du pays de son enfance, si l'on vit aussi sur son lieu de travail et de vacances, et non seulement dans son domicile, alors nous habitons également nos fictions, *a fortiori* celles où l'on passe autant de temps et où l'on revient si régulièrement.

Joey – qui exerce le métier d'acteur – n'est pas dupe des apparences. Il n'aurait guère apprécié le « vrai » Cheers s'il avait existé. Il n'est pas de Boston et le coffee-shop branché où il retrouve quotidiennement ses amis sur un confortable canapé n'a pas grand-chose à voir avec un bar populaire où les habitués montent sur un tabouret pour s'accouder au comptoir devant une bière. Ce dont Joey est nostalgique, ce n'est pas de cette ville ni de ce débit de boisson où il n'a jamais mis les pieds et où il ne serait pas à sa place. Ce qu'il aime, c'est retrouver, sur un écran, un lieu de fiction.

Sa maison, et la nôtre, c'est la télévision.

Ioanis DEROIDE

DOSSIER

DEUX ANS DE VACANCES

Du livre au feuilleton : le *merveilleux géographique* interrogé

Programmé la première fois le 1ᵉʳ juin 1974 en « prime time » sur la première chaîne de feu-l'ORTF, ce feuilleton télévisé franco-germano-roumain est devenu culte pour ceux qui avaient, disons, entre 6 et 15 ans au milieu de ces mêmes années 1970. Et si les souvenirs sont un peu vagues, siffloter voire chanter le début du générique (« Vogue navire, vogue l'aventure – nous les marins nous ne faisons qu'un[1] », etc.) suffit sans faute à faire remonter des images de voilier et de jeunes gens poursuivis – en vain – par d'affreux méchants... La principale particularité de cette série réside dans l'œuvre originelle ayant inspiré (du moins dans ses grands traits) son scénariste, Claude Desailly, à savoir le roman *Deux ans de vacances*, signé par le célébrissime Jules Verne (1888), et relevant d'un genre littéraire en direction de la jeunesse très prolifique durant tout le XIXᵉ siècle, les robinsonnades[2]. Alors que le *Robinson Crusoé* de Daniel Defoe (1719) constitue initialement une œuvre à portée philosophique destinée à un lectorat adulte[3], ses multiples parangons insistèrent sur certains aspects appelés à retenir plus particulièrement l'intérêt du jeune lecteur : l'exotisme, la débrouillardise, les bêtes sauvages à domestiquer voire les cannibales à repousser[4].

Les robinsonnades relèvent d'un genre littéraire plus vaste, le *roman d'aventure*, « [qui combine] dépaysement, évènements risqués (mésaventures) et imagination romanesque. Ces trois notions jouent chacune à

---

1   Paroles de Valérie Français et musique « sautillante » d'Alain Le Meur.
2   En 1904, Denise Bilottey (p. 128) mentionne plus de 40 « robinsons » dans les catalogues des éditeurs français.
3   « Fable bourgeoise, elle fait de l'individu générique un héros dans l'adversité. Robinson Crusoé hisse les plus humbles travaux à la grandeur épique [...] Mais c'est aussi une parabole religieuse qui prend modèle sur l'histoire du fils prodigue [...] L'île déserte est donc le lieu de la rédemption car elle réconcilie le travail avec la religion. » (Engélibert, 2008, p. 184).
4   « Tous les garçons ont joué à Robinson. » *Ibid.*, p. 129.

leur façon un rôle fondamental » (Letourneux, 2010). Au sein de cette grande et prolifique catégorie, nous retrouvons le *roman géographique*, (ré)inventé par Jules Verne et qui procède d'un type d'imaginaire bien particulier, le *merveilleux géographique*, à l'origine de l'incroyable succès international de ses écrits, toujours d'actualité. Aussi notre article poursuit-il un seul objectif, à savoir répondre à l'interrogation suivante : le passage de l'écrit à l'image dilue-t-il le *merveilleux géographique* tel que le met notamment en scène Jules Verne dans ses romans ?

DU *ROMAN GÉOGRAPHIQUE*
AU *MERVEILLEUX GÉOGRAPHIQUE*

Cette analyse de la série *Deux ans de vacances* s'inscrit dans le prolongement d'un champ d'études plus vaste que nous consacrons aux romans géographiques « de la grande époque » (1860-1914) et à leurs auteurs[5]. Nous posons pour hypothèse que ce type de littérature, en éveillant à la curiosité géographique un large public de lecteurs, de 7 à 77 ans, a joué un rôle non négligeable dans le succès remarquable qu'a connu en France la discipline géographique, des années 1860 à la Première Guerre mondiale.

Cette période est alors très marquée par les explorations (la recherche des sources du Nil, l'exploration du vaste bassin amazonien, etc.[6]) mais aussi par une multitude d'évènements de nature géopolitique demandant un recours quasi obligatoire à un atlas afin de pouvoir imaginer, par exemple, le cadre géographique de la révolte des Pavillons Noirs au Tonkin, le siège tragique de Khartoum par les troupes du Mahdi, le massacre de la mission Flatters, la course au Nil du commandant Marchand ou encore le quasi tour du monde funeste entrepris par la flotte russe de la Baltique pour aller secourir, en vain, Port-Arthur (Mandchourie). Les grands chantiers « coloniaux » participent aussi de ce mouvement de curiosité pour la géographie, avec le percement du

---

5   *Cf.* bibliographie finale.
6   *Cf.* https://www.bnf.fr/fr/agenda/visages-de-lexploration-au-xixe-siecle [consulté le 10 mai 2022].

canal de Suez puis celui, plus tragique, de Panama ; et il en est de même pour la présentation des divers projets utopiques largement débattus, comme la Mer intérieure du capitaine Roudaire (Puyo, 2020) ou encore le Transsaharien d'Adolphe Duponchel.

La presse française, qui connaissait alors un réel « âge d'or », médiatisait ces multiples évènements sous diverses rubriques et formes : cartes, comptes rendus d'expéditions ou d'opérations militaire, débats parlementaires, reportages recueillis *in situ* par une toute nouvelle catégorie de journalistes, les « grands reporters ». Comme le souligne Jean-Marie Seillan :

> Autant de sources qui fournissaient [...] des matériaux propres à dépayser les lecteurs sous la forme de romans d'aventures. Publiés à des fins de divertissement, ces romans prétendaient être des instruments de vulgarisation historique, géographique et ethnologique, et servaient souvent de canal à la propagande colonialiste (Seillan, 2011, p. 37).

Les écrits des romanciers et feuilletonistes populaires s'adressaient alors à la jeunesse « mais pas que ». Parmi ceux-ci, nous retrouvons en « tête de gondole » l'œuvre de Jules Verne, membre de la Société de Géographie de Paris et dont la série des *Voyages extraordinaires* multiplie les emprunts aux grandes signatures contemporaines de la géographie française et de l'exploration (les Conrad Malte-Brun, Élisée Reclus, Jules Crevaux, Jean Chaffanjon, etc.) : « L'œuvre de Jules Verne a une vocation didactique : son ambition est notamment d'enseigner la Géographie (la majuscule est volontaire) et de faire partager ses goûts pour les sciences et la technique (Dupuy, 2005, p. 23). » Mais à côté de cette grande figure, considérée par Michel Tournier comme « le plus grand des écrivains géographes (Tournier, 2005, p. 9) », ils furent alors très nombreux à brasser une information de type géographique pour planter le cadre de leurs romans d'aventure exotiques, voire coloniaux[7] (Letourneux, 2010).

Le roman d'aventure géographique ou roman géographique présente toutefois des codes d'écriture qui lui sont propres, tels que définis par Lionel Dupuy :

---

7   Ainsi, nous pouvons citer le grand rival malheureux de Jules Verne, Louis Boussenard, mais aussi Gustave Ainard, Émile Carrey, Désiré Charnay, Edmond Deschaumes, Armand Dubarry, Jules Gros, Paul Ivoi, Louis Jacolliot, André Laurie, Edgar Monteil, Louis Noir, Victor Tissot, Raymond Villars, entre autres.

- un chronotope particulier : les aventures se déroulent « *ici et autre-fois* » pour les romans historiques et, inversement, « *ailleurs et maintenant* », pour les romans géographiques (Dupuy, 2009, p. 11) ;
- une forte dimension géographique, avec un cadre géographique généralement très « exotique » pour un lecteur lambda (souvent européo-centré) ;
- un discours possibiliste, à savoir une tentative d'explication des différences entre les modes d'organisation des sociétés par les seules caractéristiques du *milieu* (Dupuy, 2009, p. 11) ;
- des rapports Homme/Nature le plus souvent présentés comme « idéaux » ;
- des récits reflétant très souvent l'idéologie colonialiste de l'époque (Dupuy, 2013) ;
- des ouvrages présentant une mission pédagogique affichée, multipliant les longues descriptions à destination des jeunes lecteurs, consacrées aux caractéristiques des lieux parcourus par les protagonistes (relief, faune, flore, « peuplades » rencontrées, etc.).
- enfin, une géographie du réel combinée à une géographie imaginaire. Le passage de l'une à l'autre se fait par l'intermédiaire de ce que Lionel Dupuy nomme le *merveilleux géographique* : il s'agit de la combinaison du *merveilleux exotique* cher à Tzvetan Todorov[8] avec un *récit poético-mythique*, vecteur de connaissances scientifiques[9]. Ce *merveilleux géographique* permet ainsi d'expliquer, par exemple, le succès toujours actuel des célèbres *Voyages extraordinaires* de Jules Verne qui constituent l'archétype du roman géographique[10].

---

8   « [le *merveilleux exotique* rapporte] des événements surnaturels sans les présenter comme tels ; le récepteur implicite de ces contes est censé ne pas connaître les régions où se développent les événements […] » (Todorov, 1970, p. 60).

9   « Sept siècles environ avant Jésus-Christ, quand le mythe informait la connaissance scientifique, l'œuvre d'Homère relevait d'un genre où le discours géographique prenait une facture poétique. Comme il avait une valeur pédagogique reconnue, ce genre s'est perpétué pour cette raison jusqu'au XVIIIe siècle ». (Berdoulay, 1988, p. 18).

10   Dupuy, Puyo, 2014.

LE ROMAN *DEUX ANS DE VACANCES* :
UNE ROBINSONNADE BESOGNEUSE

Publié en 1888, ce roman constitue le trente-huitième opus de la série des *Voyages extraordinaires* qui en comporte soixante-deux, de *Cinq semaines en ballon* (1863) au roman posthume *Le volcan d'or* (1906). Hélas pour nous, il ne fait pas partie des meilleurs, et c'est peu de le dire.

D'emblée, dans la préface de *Deux ans en vacances*, Jules Verne défend un pesant discours moraliste sur fond de robinsonnade, genre littéraire qu'il pratiqua par ailleurs à cinq reprises[11] :

> Malgré le nombre infini des romans qui composent le cycle des Robinsons, il m'a paru que, pour le parfaire, il restait à montrer une troupe d'enfants de huit à ans, abandonnés dans une île, luttant pour la vie au milieu des passions entretenues par les différences de nationalité – en un mot, un pensionnat de Robinsons (Verne, 1888, p. II)

Le clin d'œil aux robinsonnades est totalement assumé par l'auteur, les grands classiques *Robinson Crusoé* et *Les Robinsons suisses* s'avérant même à disposition des protagonistes et mentionnés à quelques occasions dans l'ouvrage. Il ne s'agit pas moins de mettre en situation de test un groupe de jeunes garçons, âgés de huit à quatorze ans et demi, afin de compléter dix ans plus tard la « leçon » de son ouvrage *Capitaine de quinze ans*, « [en montrant] ce que peuvent la bravoure et l'intelligence d'un enfant aux prises avec les périls et les difficultés d'une responsabilité au-dessus de son âge (*Ibid.*) ». 465 pages plus tard, l'objectif s'avérait pleinement rempli, Jules Verne « pliant » une intrigue – qui jusque-là traînait en longueur, reflet d'un manque sévère d'inspiration – en quelques huit lignes. « Ce plaidoyer – éloquent – en faveur d'une éducation virile[12] » s'achève en effet sur cette *conclusion morale*, pour reprendre les propres termes de l'auteur :

> Que tous les enfants le sachent bien, avec de l'ordre, du zèle, du courage, il n'est pas de situations, si périlleuses soient-elles, dont on ne puisse se tirer.

---

11   *L'île mystérieuse* (1874), *L'école de robinsons* (1882), *Deux ans de vacances* (1888), *Seconde patrie* (1900) et *L'oncle robinson*, roman inachevé publié post mortem (1991) (Jean-Paul Engélibert, 2008).

12   « Livres nouveaux », *La Revue britannique*, t. 6, Iᵉʳ janvier 1888, p. 486.

Surtout, qu'ils n'oublient pas, en songeant aux jeunes naufragés du Sloughi, mûris par les épreuves et faits au dur apprentissage de l'existence, qu'à leur retour, les petits étaient presque des grands, les grands presque des hommes (Verne, 1888, p. 467).

Fermez le ban! Ouf[13].

Si l'on passe l'ouvrage au filtre du modèle développé par Lionel Dupuy caractérisant le roman géographique, le *merveilleux géographique* s'avère en effet bien souffreteux. Certes, l'aventure respecte (en très grande partie) le chronotope propre à ce type de roman — elle se déroule en effet « *ailleurs et maintenant* » — en faisant débuter l'intrigue en mars 1860. Mais pour ce qui relève des autres critères à cocher...

Ainsi, dans ce roman, l'exotisme prend la forme de l'immensité du Pacifique austral, entre Océanie, Nouvelle-Zélande et façade ouest du continent sud-américain, parcouru sur des flots déchaînés par une goélette de 100 tonneaux en perdition, le *Sloughi*, emportant au tout début de l'histoire les quinze jeunes héros de l'aventure, livrés à eux-mêmes. Comme le souligne Jean-Paul Faivre, Jules Verne avait une vraie passion pour cette vaste zone océanique considérée comme un désert maritime, cadre géographique présent dans plus de vingt de ses *Voyages extraordinaires*, dont certains titres des plus « fameux », comme *Les Enfants du Capitaine Grant* (1868), *L'Île mystérieuse* (1873), *Un capitaine de quinze ans* (1878) ou encore *Le Phare du bout du monde* (1906)[14].

Au final, les protagonistes de *Deux ans de vacances* abordaient une terre ferme inconnue qui par la suite s'avéra être une île non occupée par quelque peuple « sauvage » (et baptisée île Chairman du nom de son pensionnat pour jeunes gens de bonne famille fréquenté à Auckland[15]);

---

13   Et nous faisons grâce au lecteur des nombreux couplets teintés de morale catholique, certes reflets de leur époque mais pesants en diable, tels ces extraits : « Les petits s'agenouillèrent devant cette Croix du Sud, comme ils l'eussent fait devant la croix d'une chapelle ! Ne leur disait-elle pas de prier le tout-puissant Créateur de ces merveilles célestes et de mettre leur espoir en lui ? » (Jules Verne, 1888, p. 94) ou encore « Dieu qui vous a protégés jusqu'ici, mes enfants, répondit Kate, Dieu ne vous abandonnera pas ! » (*Ibid.*, p. 415).

14   « Le "Bout du monde", l'extrémité des "terres magellaniques", a toujours obsédé Jules Verne [...] Descriptions impressionnantes » (Faivre, 1955, p. 147).

15   Un pensionnat à l'anglaise où, selon l'auteur, on laisserait plus d'initiative aux élèves – par rapport à la France – mais aussi au sein duquel les punitions corporelles, « principalement le fouet », seraient de règle : « D'ailleurs, être fouetté n'a rien de déshonorant pour de jeunes Anglo-Saxons, et ils se soumettent sans protestation à ce châtiment, lorsqu'ils reconnaissent l'avoir mérité » (Verne, 1888, p. 35).

le recours à un atlas allemand Stieler[16] présent dans la bibliothèque de
bord du navire – soit un élément relevant pleinement de la géographie
du réel, patentée et documentée – n'apporta guère plus de lumières aux
jeunes naufragés. De plus, des derniers étaient dans l'incapacité de réaliser
un point géodésique, suite de l'absence d'un sextant dans l'équipement
de navigation hérité du *Sloughi*[17]. Mais encore aurait-il fallu savoir s'en
servir, ce qui ne fut pas le cas des protagonistes de la version feuilleton ;
ainsi, le plus savant d'entre eux, du nom de Wilcox, déterminait dans
l'épisode 4, à l'aide du sextant dont il avait vu le capitaine se servir, que
le bateau s'était démembré sur une côte de Nouvelle Zélande. Mais la
démonstration ne convainquit guère les siens, avec raison d'ailleurs[18].

Si l'on revient à l'ouvrage, le lecteur apprendra sur le final que les
protagonistes du roman ont en fait échoué sur l'île d'Hanovre, située à
une trentaine de milles du continent américain, à 59 degrés de latitude
Sud, dans les parages (peu fréquentés) du débouché « ouest » du détroit
de Magellan… L'on comprend alors bien mieux les caractéristiques du
milieu, cadre des aventures – confinées car situées sur une île – des jeunes
gens. Ainsi, durant les deux années de présence sur site, ils vont connaître
des hivers très rudes[19], avec le grand lac intérieur de l'île entièrement
gelé (ce qui leur permettra de faire du patin à glace[20]). L'océan pris
dans des glaces leur amène même deux ours (gris ou blanc, on ne sait
pas) dont la présence soudaine interroge fortement : sont-ils venus sur
« des glaçons flottants » ou *ad pedibus*, depuis « quelque continent dans
les parages de l'île Chairman » (*ibid.*, p. 311) ? De même, on s'explique
mieux la présence des manchots et autres phoques, ces derniers massacrés
allègrement pour fabriquer des chandelles grâce à leur huile :

---

16 « [Atlas Stieler] qui paraît être ce que la géographie moderne compte de plus parfait en
    ce genre » (*ibid.*, p. 58). On peut supposer que, pour l'auteur, il s'agit de la troisième
    édition datant de 1854.
17 « […] deux baromètres anéroïdes, un thermomètre centigrade à esprit-de-vin, deux
    montres marines […] une boussole d'habitacle et deux autres d'un modèle réduit, un
    storm-glass indiquant l'approche des tempêtes […] » (*ibid.*, p. 58).
18 L'épisode 4 se termine sur le constat suivant quant à la nature exacte de la terre abordée
    par le *Sloughi* : « Tout est possible »…
19 -27° Celsius durant le premier hiver (chapitre XIII) contre -30° pour le second (chapitre XIX) !
20 « Avec une semelle-de-bois et une lame de fer, Baxter parvint à fabriquer quelques paires
    de patins. Ces jeunes garçons, d'ailleurs, avaient tous plus ou moins l'habitude de cet
    exercice, qui est très goûté au plus fort des hivers de la Nouvelle-Zélande, et ils furent
    enchantés de cette occasion de déployer leurs talents à la surface du Family-lake. » (*ibid.*,
    p. 302).

> Les quartiers, de phoques, dépecés en morceaux de cinq à six livres chacun, furent
> déposés dans cette bassine qui avait été préalablement remplie d'eau douce […] Ce
> travail rendait la place véritablement intenable par l'infection qu'il répandait […]
> À la fin de cette seconde journée, Moko avait recueilli ainsi plusieurs centaines
> de gallons d'huile […] On fit l'essai de l'huile de phoque dans les lampes des
> fanaux, et il fut constaté que la lumière qu'elle donna, quoique de qualité assez
> médiocre suffirait à l'éclairage du hall et de Store-room. Donc, plus à craindre
> d'être plongé dans l'obscurité durant les longs mois d'hiver. (*ibid.*, p. 253)

Chez Jules Verne, l'Homme est indéniablement au sommet de l'écosystème… et de la chaîne alimentaire. La Nature est mise à son service et doit répondre à toutes ses attentes. Ainsi, sur l'île, joue-t-on beaucoup des armes à feu, présentes en de nombreux exemplaires sur le bateau au moment du naufrage :

> […] huit fusils de chasse à percussion centrale, une canardière à longue portée
> et une douzaine de revolvers ; en fait de munitions, trois cents cartouches à
> douilles pour les armes se chargeant par la culasse, deux tonneaux de poudre
> de vingt-cinq livres chacun, et une assez grande quantité de plomb, grenaille
> et balles. (*ibid.*, p. 253)

Certes, par la chasse mais aussi le piégeage, il s'agit de se procurer des ressources alimentaires que le sel produit sur place permettra aussi de stocker pour les mauvais jours[21]. Aussi, toute la faune ou presque – les naufragés testeront même la comestibilité des oiseaux marins… – passe-t-elle à la casserole, dont une énorme tortue de mer, occasion donnée au lecteur d'apprendre à la dépecer puis à la cuisiner :

> C'était assez répugnant, mais les jeunes commençaient à se faire aux néces-
> sités désagréables de cette vie de Robinsons. Le plus difficile fut de briser le
> plastron dont la dureté métallique eût émoussé le tranchant d'une hache. On
> y parvint en introduisant un ciseau à froid dans les interstices des plaques.
> Puis, la chair, découpée en morceaux, fut apportée au Sloughi. Et ce jour-là,
> tous purent se convaincre que le bouillon de tortue était exquis, sans compter
> des grillades que l'on dévora […]. (*ibid.*, p. 92)

Le maniement du fusil permet aussi de renforcer la posture virile de certains protagonistes dont plus particulièrement le sieur Doniphan, as

---

21   « [Les naufragés aménagent] un petit marais salant, simple carré, ménagé entre les plis
      du sable, et dans lequel se déposait le sel, après que les eaux de la mer s'étaient évaporées
      sous l'action des rayons solaires » (*ibid.*, p. 279).

déclaré du fusil et incarnation hautement détestable du fils de hobereau anglo-saxon (et fier de l'être)[22]. La diversité faunistique s'y relève impressionnante et même « stupéfiante », des oiseaux[23] aux bêtes fauves (pour l'exotisme et le frisson, pas de lions, panthères ou tigres – même de Tasmanie – mais des couguars ainsi que des jaguars, ces derniers inconnus à ces latitudes…), en passant par une grande diversité d'ongulés[24], de « rongeurs[25] » mais aussi d'un grand nombre de bêtes à fourrures, mobilisées pour le renouvellement de la garde-robe des jeunes naufragés (important notamment quand vinrent les grands froids susmentionnés) : des renards mais aussi des grisons[26] ou encore « des zorillos [mouflettes], à peu près semblables aux martres avec leur belle fourrure noire à raies blanches, mais qui répandaient des émanations fétides[27] ».

À l'exemple de la faune, la flore décrite, à défaut d'exubérance tropicale[28] – point de cocotier, baobab, ficus étrangleur et autres orchidée tue-mouche –, « balaye » néanmoins très large… On relève ainsi des bruyères, des épine-vinettes, des bouquets de houx, des touffes de berberis « à feuilles coriaces », des bouleaux, des sapins, des hêtres majestueux (jusqu'à cent pieds de haut), des cyprès « de belle venue », « des myrtacées à bois rougeâtre et très dense, et des groupes magnifiques de

---

22 « Une certaine morgue aristocratique lui a valu le sobriquet de "lord Doniphan" et son caractère impérieux le porte à vouloir dominer partout où il se trouve » (*ibid.*, p. 36).

23 Par ordre d'apparition : oies sauvages, canards, « pigeons des roches » (?), perdrix « de l'espèce des tinamous », « martinettes », grives, sarcelles, outardes, bécassines, gobemouches à huppe blanche, « roitelets de l'espèce des scytalopes », autruche de type « nandus », « grimpereaux qui ricanaient sous la feuillée », pinsons, alouettes, merles, condors, urubus, caracaras, cormorans, pétrels, grèbes, pintades, poules faisanes, « thinocores appartenant à la famille des échassiers », hérons, flamands « aux ailes couleur de feu », hirondelles, entre autres !

24 Lamas, vigognes, chèvres, pécaris ou encore « guaçulis » (en fait, surement des cerfs des pampas : *Ozotoceros bezoarticus* – guasutĩ en guaraní).

25 Tels des "tucutucos", « sortes de rongeurs qui peuvent remplacer avantageusement le lapin dans les gibelottes, des "maras", lièvres d'un gris roux avec un croissant noir sur la queue, ayant toutes les qualités comestibles de l'agouti, des "pichis", du genre tatous, mammifères au test écailleux dont la chair est délicieuse » (Verne, 1888, p. 163).

26 *Viverra vittata L.* : si on en trouve bien en Amérique du sud (Bolivie, Brésil), ces animaux se cantonnent aux zones tropicales et non aux hautes latitudes…

27 *Ibid.*, p. 244. À noter que cette énumération semble issue, en seconde main, des observations naturalistes d'Alexandre von Humboldt et Aimé Bonpland (1811, p. 351).

28 Ce fait est notamment souligné par l'auteur : par la végétation relevée, l'île ne relève pas « de la zone des tropiques (et) des régions centrales du Pacifique » (Verne, 1888, p. 63). À noter que l'auteur mentionne néanmoins la présence de fougères arborescentes, ce qui ne manque pas de surprendre vu la latitude du lieu considéré (59° de latitude Sud)…

ces végétaux, nommés "winters" dont l'écorce répand un arome qui se rapproche de celui de la cannelle[29] », et même des chênes-verts (*Quercus ilex L.*) ou encore, découverts dix mois après avoir abordé l'île – cela s'appelle pour l'auteur « cracher de la ligne » – des pins parasols (*Pinus pinea L.*), tous deux végétaux originaires du (seul) pourtour méditerranéen… Cette richesse faunistique et floristique participe directement du *merveilleux géographique*, notamment dans sa composante exotique).

La vie végétale comme animale est mobilisée au service des naufragés (mais aussi du récit du *roman géographique*). Ainsi les graines issues des pignons de pin parasol vont-elles servir à fabriquer une « excellente » huile alimentaire. Le sucre provient des érables à sucre. Et à défaut de vaches, chèvres, juments ou ânesses, un succédané au lait est fourni « [par] l'arbre à vaches [...] un de ces "galactendrons" qui poussent en assez grand nombre dans les forêts du-nord de l'Amérique [sic – certes, mais nous sommes plein Sud !] (*ibid.*, p. 365) » :

Quant aux infusions de feuilles de « l'arbre à thé [...] de la famille des vacciniées, qui se rencontre même sous les hautes latitudes (*ibid.*, p. 229) », elles donneraient une boisson présentée comme très salutaire. Mais les naufragés ne se cantonnent pas aux seules infusions de grand-mères. En effet, alors que les soutes du bateau échoué se sont avérées particulièrement riches en boissons alcoolisées[30], ils se lancent néanmoins dans les distillations exotiques – la peur de manquer ? – de fruits de trulca, dont les Indiens feraient une liqueur, de cosses d'algarrobe « [*Proposis juliflora*] dont le fruit donne aussi par fermentation une liqueur très forte (*ibid.*, p. 228) ». Le naufrage serait donc pour Jules Verne l'école de la vie mais aussi de la picole, jeune.

En somme, sur le plan des végétaux, les seuls manques notés par l'auteur résident dans les légumes poussant sur l'île[31] qui se résument aux seuls céleri et cresson, consommés à tous les repas afin d'éviter le scorbut.

---

29 *Drimys winteri* ou cannelle de Magellan (*ibid.*, p. 163).
30 « [...] il y avait encore cent gallons de claret et de sherry, cinquante gallons de gin, de brandy et de wisky [sic], et quarante tonneaux d'ale, d'une contenance de vingt-cinq gallons chacun, plus une trentaine de flacons de liqueurs variées, qui, bien enveloppés de leur chemise de paille, avaient pu résister au choc des brisants » (*ibid.*, p. 60). Bref : de quoi s'en mettre quelques « sévères ».
31 « Bref, l'île Chairman procurait à ses habitants, sinon le superflu, du moins le nécessaire. Ce qui faisait défaut – il y avait lieu de le regretter – c'étaient les légumes frais. On dut se contenter des légumes de conserves, dont il y avait une centaine de boîtes que Gordon ménageait le plus possible. » (Verne, 1888, p. 243)

Pour clore notre lecture et analyse de *Deux ans de vacances*, ce dernier coche parfaitement toutes les caractéristiques du *roman géographique*. Toutefois, son texte a énormément vieilli, à notre sens, du fait d'un manque patent d'inspiration de son auteur[32]. Comme il ne se passe pas grand-chose entre les chapitres IV (le bateau a échoué sur l'île) et XXI (les méchants débarquent), sur un total de trente, le texte se résume à d'interminables leçons de chose[33] entrecoupées de quelques paragraphes – sans grand intérêt – dans lesquels les naufragés se prennent le bec (la vie en communauté est difficile…), occasions pour l'auteur d'asséner quelques leçons de morale désormais très datées.

Toutefois, avec la mise en feuilleton, le *merveilleux géographique* va pouvoir (enfin) pleinement s'exprimer.

DE LA PATAGONIE AUX CÔTES DE LA MER NOIRE : UNE MISE EN IMAGE SALUTAIRE

Nous aurions pu intituler ce dernier développement « 35 ans plus tard : de nouveau, que du bonheur[34] ». La grande satisfaction que nous avons eue à re-visionner cette série, désormais en libre accès sur la toile, découle de l'accumulation de différents facteurs.

---

32 Cette situation, Jules Verne la reconnaît d'ailleurs dans ce courrier échangé avec son éditeur, Hetzel père : « Vous comprenez ma situation vis-à-vis de notre public. Je n'ai plus de sujets dont l'intérêt soit dans l'extraordinaire, Ballon, Capitaine Nemo, etc. Il me faut donc chercher à intéresser par la combinaison. […] Évidemment, je me tiendrai toujours et le plus possible dans le géographique et le scientifique, puisque c'est le but de l'œuvre entière ; […] » Lettre de Jules Verne à Hetzel père (2 décembre 1883), citée par Lionel Dupuy (2009, p. 42).

33 Jean-Paul Sartre, cité par Matthieu Letourneux : « Boussenard et Jules Verne ne perdent pas une occasion d'instruire : aux instants les plus critiques, ils coupent le fil du récit pour se lancer dans la description d'une plante vénéneuse, d'un habitat indigène ; auteur, j'en bourrais mes romans […] Je me sentais délicieusement ennuyeux, aussi distingué que Boussenard ». http://mletourneux.free.fr/auteurs/france/boussenard/boussenard.htm [consulté le 25 avril 2022].

34 Trente-cinq ans après car la défunte chaîne *La Cinq* est à ce jour la dernière chaîne généraliste à avoir rediffusé au milieu des années 1980 cette vieille série, en compagnie par exemple de *Cosmos 1999* et des *Têtes brûlées*, toutes deux reproposées de nos jours quasiment « en boucle » par Paris Première. Aussi, « Thank you la Cinq ! ».

Préalablement, il faut signaler qu'il existe deux montages différents du même feuilleton : une version française en six épisodes de 52 minutes et une version allemande en quatre épisodes de 95 minutes. En premier lieu, l'histoire a été considérablement remaniée par ses scénaristes, Walter Ulbrich (pour sa version allemande) et Claude Desailly. Ainsi, et entre autres retouches importantes du roman initial, les jeunes protagonistes passent de 15 à 8, d'où un budget moindre à coup sûr pour la réalisation mais aussi la possibilité pour le (jeune) téléspectateur de retenir plus facilement les noms mais aussi de s'identifier plus aisément à l'un d'entre eux : Doniphan, le fils d'aristocrate écervelé et fier à bras / Briant, un vaillant jeune français / Gordon, nord-américain, la voix de la sagesse / Wilcox, le « Schtroumpf savant » de la bande / Baxter, admirateur de Doniphan qu'il suit aveuglément / Service, le littéraire passionné de Robinson Crusoé[35] et maître du chien fidèle Phann / Garnett, grand ami de Service, fils du propriétaire du *Sloughi* / Iverson – qui dans le roman a 9 ans et plutôt 13-14 dans le feuilleton – toujours en train de grignoter quelque chose, ce qui est sans conséquence funeste sur sa physionomie (chanceux !) / et enfin Dick Sand, jeune mousse aux traits nordiques qui remplace la figure à relents colonialiste de Moko, « nègre » âgé de 12 ans dans le roman.

La trame aventureuse est rendue beaucoup plus « dynamique » : on ne s'ennuie pas au visionnage des six épisodes car l'histoire rebondit continuellement alors que c'est tout le contraire avec le roman éponyme. Ainsi, Briant n'a plus à gérer son boulet de frère, Jacques, à l'origine de la perdition du bateau ; en effet, dans le roman, ce dernier détache nuitamment l'amarre retenant le *Sloughi* à sa bitte d'amarrage, qui part à la dérive avec les seuls jeunes gens à bord… Or, dans le feuilleton, les jeunes héros, kidnappés par des malandrins qu'ils avaient eu le malheur de secourir, réussissent à s'échapper et à prendre possession du bateau, à la grande fureur de ces derniers. Bien joué, les gars !

De même, l'île « Charmain – Hanovre » ne constitue plus le cadre principal de l'aventure[36], le bateau ne s'y échouant qu'au milieu de

---

35　En fait, comme le souligne Francis Raymond, « Tels Don Quichotte égaré par les romans de chevalerie, certains personnages verniens sont fascinés par les "aventures des héros imaginaires" qu'ils veulent vivre à leur tour. » Et c'est tout à fait le cas de Service avec Robinson. Ainsi, lorsque les protagonistes s'interrogent sur la nature de l'île abordée, Service fait cette remarque : « Peut-être sur une île déserte comme ce cher Robinson » (épisode 5, à 3'30). (Raymond, 1984, p. 108).

36　Dans le roman, près de 90 % de l'histoire se déroule sur l'île (des pages 48 à 463, pour un texte principal de 468 pages dans l'édition originale).

l'épisode 4. Entretemps, le téléspectateur aura suivi les protagonistes d'Auckland, cadre du début de l'aventure, à la Tasmanie où ils sont temporairement emprisonnés. Côté exotisme, évidemment, le téléspectateur reste un peu sur sa faim… Ici, en guise de biodiversité floristique, on identifie nettement la végétation des rives de la Mer Noire (la série ayant été tournée en Roumanie)[37], rappelant quelque peu les paysages de dunes bordières de la côte landaise. À ce titre, par exemple, on peut signaler un long plan dédié à une lande à chardons qui se veut tasmanienne[38]… Les décorateurs ont néanmoins implanté dans le sable deux pseudo-cocotiers dont le port déplumé fait plus que pitié (et interroge…)[39].

Quant à l'avifaune, si riche dans le roman, elle se limite à deux plans d'un vol de grues cendrées en pleine migration[40] et à quelques vues hivernales de mouettes[41]. Tout est là pour la version française, contrairement à l'allemande scénarisée par Walter Ulbricht, qui diffère par de nombreux points, le format (déjà évoqués) mais aussi le thème musical du générique ou encore le final[42]. Cette dernière s'avère en effet beaucoup plus violente et, dans ce registre, plus fidèle à l'ouvrage de Jules Verne ; ainsi y retrouve-t-on d'autres plans d'animaux sauvages (otaries et lynx) et des parties de chasse – « dont l'agonie d'un petit sanglier[43] » – absentes du scénario de Claude Desailly. En plus des pseudo-cocotiers, la touche d'exotisme mise en avant par le réalisateur se résume à une attaque de guerriers maoris « de pacotille » – épisode totalement absent du roman et dont nous ne nous souvenions plus du tout –, filmés de loin afin de masquer au maximum l'indigence de leur mise[44].

Enfin, les scénaristes ont introduit une coloration « à la Stevenson » avec la présence sur l'île d'un trésor formidable (des doublons par milliers,

---

37 « Les caméras s'installèrent à Brassov, à Mamaia et Bucarest. La Mer Noire […] fit office de Pacifique et le delta du Danube prêta ses paysages pour les séquences d'hiver tandis que la goélette à hunier *La speranja* aujourd'hui démembrée devint à cette occasion Le *Sloughi* ». (Draven, 2003).

38 Épisode 3 (à 25'40).

39 Épisode 2 (03'42).

40 Épisode 4 (49'30) et épisode 5 (10'09).

41 Épisode 5 (52'20).

42 Ainsi, la version allemande se conclut par un mystérieux yacht emportant les jeunes naufragés « […] qui disparait à l'horizon ; mais rien n'est montré, une scène commentée en voix off par Dick Sand sur un ton monocorde ». (Draven, 2003)

43 *Ibid.* Il s'agit peut-être du même sanglier que l'on aperçoit furtivement dans l'épisode 5 (52'31).

44 Pagnes en raphia et perruques crépues : pathétique ! Tous ces fiers pseudo guerriers maoris, équipés d'arcs et de lances, seront abattus par les fusils et revolvers des forbans.

des statues d'idoles amérindiennes en or massif, etc.), gardé fiévreuse-
ment par un ermite rendu fou par la cohabitation avec cette fortune
pour laquelle il avait assassiné précédemment son meilleur ami[45]. Suite
à un retour de lucidité tardif, il aida les jeunes héros dans leur combat
« à mort » contre les forbans en provoquant un écroulement sur leurs
têtes de la grotte contenant le trésor (façon *L'Homme de Rio* de Philippe
de Broca, 1964). À noter qu'il y gagna néanmoins sa rédemption, rendant son dernier souffle juste après avoir indiqué aux jeunes naufragés
comment quitter l'île[46]…

En deuxième lieu, la distribution franco-germano-roumaine réunie
s'avère globalement convaincante ; on peut citer par exemple Werner
Pochat parfait dans le rôle du méchant Forbes, Marc di Napoli qui joue
un Doniphan très convainquant (hautain et odieux à souhait), Franz
Seidenschwan incarnant Dick Sand, le valeureux mousse du *Sloughi* ou
encore Aurel Giurumia, le truculent cuisinier-philosophe de ce même
bateau (et sosie de Michel Simon jeune). Certes, à notre sens, il n'en
demeure pas moins quelques acteurs au jeu moins abouti tel Dominique
Planchot dans le rôle de Gordon ; alors que dans le roman ce dernier, le
plus âgé des naufragés, réussit à imposer ses arbitrages à des Doniphan et
Briant en constante opposition, dans le feuilleton, le jeu de Dominique
Planchot est d'une « fadeur » redoutable, à tuer l'ambiance au bal des
pompiers ! Il nous faut toutefois signaler que le critique Éric Draven
porte un regard beaucoup plus positif sur le jeu de cet acteur « […] dont
on gardera en tête le charme mais également la douceur, la bienveillance
et le coté apaisant de son personnage[47] ».

De même Didier Gaudron, qui joue le rôle de Briant, figure importante du roman, n'arrive pas, selon nous, à imposer son personnage.

---

45 « Un fou, je suis un fou […] Il a fallu que l'on trouve ce maudit trésor […] Ces dernières
     années, j'ai vécu une sorte de cauchemar, une éternelle solitude ». Épisode 6 (49'30). À
     noter que la découverte du trésor et de son mystérieux gardien est absente du montage
     pour les télévisions allemandes, ZDF et Tele-München (Draven, 2003).

46 Se laisser dériver dans la chaloupe prise aux forbans depuis la pointe sud de l'île ; et
     après deux jours de navigation, ils croiseront la route des steamers remontant au vent en
     direction du grand port chilien de Valparaiso [« Nous irons un jour à Valparaiso, feras-tu
     la route avec moi, la mer est mauvaise, on ne nous entend pas, il est mort, le caballero »,
     etc., Annie Nobel, *Valparaiso*, 1973]. Ce qui fut fait, avec succès.

47 Pour l'anecdote, *Deux ans de vacances* demeure l'unique apparition de Dominique Planchot
     à l'écran. « Dominique Planchot ! Voilà bien le gros mystère français de la série depuis
     des décennies ! » (Draven, 2003).

Mais surtout, pour le lecteur du roman, il ne faut pas se braquer devant quelques invraisemblances sévères, tel l'âge supposé des jeunes protagonistes. Ainsi Doniphan a-t-il théoriquement 15 ans au début de l'aventure alors que Marc di Napoli est dans sa vingtième année au moment du tournage ; cela se voit et peut interroger, alors que les autres acteurs jouant ses confrères du collège Chairman ont dans les faits entre 12 et 16 ans. Pas doué pour les études, Doniphan ? Autre surprise, le personnage de Service, joué par l'excellent Christian Sofron, âgé initialement de 9 ans chez Jules Verne, est dans sa quinzième année pour la série.

En troisième lieu, le ton moraliste et suranné du texte de Jules Verne a laissé place à des dialogues de grande qualité qui surprennent même pour un feuilleton en direction de la jeunesse. Nous pouvons citer par exemple cette tirade de Witherspoon, le cuisinier du *Sloughi* (brillamment doublé par Francis Lax), expliquant la lutte des classes au mousse Dick Sand. En effet, à ce dernier qui s'étonne de la différence de contenu des repas servis à bord – pour les « élites » (les jeunes hôtes du bateau), « [...] un potage bisque comme on n'en sert qu'à la cour d'Angleterre », et pour les autres, « oignons, lard fumé et biscuit de mer[48] » –, Witherspoon souligne que l'humanité se répartit en deux catégories : « Les uns reçoivent fortune et honneurs, les autres reçoivent des coups de pieds au cul. Toi et moi nous appartenons à la deuxième catégorie[49] ». Faut-il y voir une inspiration « leonesque[50] » ? Quoi qu'il en soit, mal de mer faisant, seul le mousse fera honneur à la bisque !

Dans le même registre, le spectateur comprend que « bien naître » ne suffit cependant pas. Ainsi, dans une des toutes dernières scènes, Forbes fait un quasi acte de contrition dans lequel on apprend qu'il a jadis été rejeté par ces mêmes élites auxquelles il appartenait :

> Je ne sais même pas si cette montagne d'or me donnera ce que je cherche [...] le retour au passé ; tout s'achète ici-bas, tout sauf une chose, le respect et l'estime de soi. Tout le reste ne compte pas. Toute le reste c'est du vent, si je peux pas revenir l'homme que j'étais[51].

---

48 Épisode 1 (30'30).

49 *Ibid.* (32'40).

50 « Le monde se divise en deux catégories : ceux qui ont un pistolet chargé et ceux qui creusent. Toi, tu creuses. » *Le bon, la brute et le truand*, Sergio Leone, 1967.

51 Épisode 6 (46'15). Il mourra peu après, écrasé par l'éboulement de la grotte, déclenché par « l'ermite fou ».

Néanmoins, il faut souligner que la série s'achève sur un ultime dialogue que n'aurait pas renié Jules Verne : « Il nous faut remercier le seigneur doublement [...] parce que sa toute puissance et son infinie miséricorde ont bien voulu guider les pas maladroits de nos enfants à travers ces périls innombrables [...][52] ».

Enfin, et même si l'on relève quelques maladresses et anachronismes[53], les images de voiliers et de scènes de mer, dues aux réalisateurs Gilles Grangier[54] et Sergieu Nicolaescu[55], firent beaucoup pour le succès de la série, notamment dans sa version française à la qualité unanimement reconnue, d'autant plus qu'elles étaient accompagnées d'une bande son de très grande qualité, signée par Alain Lemeur[56]. L'air des marins, qui est depuis devenu un « classique[57] », rythme les épisodes sous différentes compositions (à l'harmonium, à la guitare sèche, au violon, etc.) et/ou interprétations (pianissimo, mezzo forte, fortissimo). Mais la bande-son ne limite à cette seule mélodie, avec trois autres thèmes principaux par nous ainsi nommés : « Le Hollandais volant », avec harpe, cuivres, cymbales, voix sépulcrales d'hommes et onomatopées type

---

52 *Ibid.*, 52'30.
53 Tel ce gros plan, certes fugitif, sur un anémomètre très « moderne » (épisode 1, 40'10) ou encore ces vues multiples d'un *Sloughi* pris en théorie dans une tempête redoutable mais dans les faits, subissant « seulement » un gros tangage (plusieurs passages de l'épisode 4).
54 (1911-1996). Acteur, dialoguiste, scénariste et réalisateur, Gilles Grangier réalise entre 1943 et 1969 plus d'une cinquantaine de longs métrages dont quelques très grands succès « au box-office » comme *La cuisine au beure* (1963, avec Bourvil et Fernandel associés pour la première fois) ou encore, avec Gabin, *Archimède le clochard* (1959), *le Cave se rebiffe* (1961, d'après Albert Simonin, dialogues de Michel Audiard), le *Gentleman d'Epsom* (1962) ou encore le jubilatoire *Les vieux de la vieille* (1960, avec Noël-Noël et Pierre Fresnay). Dans les années 1970, il se cantonne au petit écran pour lequel il tourne de nombreux téléfilms et feuilletons, dont *l'Aéropostale* (déjà cité) mais aussi *Quentin Durward* (1971). Souvenirs « émus » : Charles le Téméraire, Louis XI et sa garde écossaise, le Sanglier des Ardennes (l'ennemi intime de Quentin Durward), une musique « sautillante », etc.
55 (1930-2013). Acteur, réalisateur mais aussi homme politique après la chute de Ceausescu, il réalisa lui-aussi plus d'une soixantaine de longs métrages entre 1962 et 2012. « S'il fut adulé du public, les critiques se montrèrent réticents à l'égard de ce réalisateur obsédé par les grandes fresques historiques dont il tenait à jouer les héros ». (Bran, 2013)
56 (1924-2005). En plus de *Deux ans de vacances*, Alain Lemeur est l'auteur de la musique de cinq longs métrages : *Un Cave* (1971) et *Jeux pour coupes infidèles* (1972) de Gilles Grangier, mais aussi *Gross Paris* de Jean Desvilles (1973), *Dis bonjour à la dame* (Michel Gérard, 1976) et *l'Amour en douce* d'Édouard Molinaro (1984). On relève aussi la musique de la mini-série en deux épisodes de Gilles Grangier *L'Aéropostale, courrier du ciel* (1980).
57 Pour s'en convaincre, il suffit de consulter YouTube : on y relève différentes interprétations données par des groupes de marins habillés comme le capitaine Haddock.

« whooouuu », accompagne les scènes de tempête en mer[58]. « La neige est là[59] », composition plus « légère » avec flute à bec, hautbois, violons et onomatopées cristallines de type « lalala », rappelle le cultissime *Concerto à une voix* de Saint-Preux (1969)[60]. Plus surprenant, « Retour triomphant à Tatooine[61] », une marche avec violons, percutions et cœurs « virils », aurait pu aisément accompagner, sans jurer nullement, certaines scènes du premier opus de la *Guerre des Étoiles* ! Enfin, donnée à une seule reprise pour illustrer une scène champêtre, il faut noter cette courte composition de musique électronique, très « sautillante », rappelant les bandes-son des premiers jeux Arcade type *Space invaders* : surprenant[62] ! Aussi partageons-nous pleinement l'avis de Eric Draven quant à la grande qualité des compositions musicales d'Alain Lemeur :

> [Sans elles] *Deux ans de vacances* n'aurait très certainement pas eu le même impact. C'est là encore toute la grande différence entre la version française de la série et la version allemande et roumaine dont la musique signée Hans Possegga est bien trop fade, bien trop anonyme, aux antipodes de celle que nous connaissons. Quant aux hymnes chantés ils sont tout simplement absents, crées uniquement pour la version française. (Draven, 2003)

CONCLUSION

Tant l'ouvrage que le feuilleton constituent des robinsonnades plutôt légères dans leur composition si l'on en croit les travaux de Vincent Tavan portant sur l'identification des caractéristiques propres à ce type de récit. En effet, si les périls auxquels sont confrontés nos jeunes héros sont nombreux, il manque néanmoins la confrontation avec les animaux

---

58 L'épisode 4 qui aboutit à l'échouage final du *Sloughi* sur l'île Chairman – Hanovre propose deux capsules musicales reprenant ce thème (de 13'36 à 15'35 et de 19'00 à 21'10) illustrant les efforts désespérés des jeunes héros luttant contre la tempête. https://www.youtube.com/watch?v=_gKzQ6E5W80&t=1424s [consulté le 3 mai 2022].

59 Épisode 5 (50'36 à 52'26). https://www.youtube.com/watch?v=dm_7itI8Yfc [consulté le 3 mai 2022].

60 https://www.youtube.com/watch?v=lVghgS8_Yrg [consulté le 2 mai 2022].

61 Épisode 4, de 21'47 à 23'45. https://www.youtube.com/watch?v=_gKzQ6E5W80&t=1424s [consulté le 2 mai 2022].

62 Épisode 4, de 24'54 à 26'20. *Ibid.*

sauvages, les catastrophes naturelles (à l'exemple de l'éruption volca-
nique du final de *l'Île mystérieuse*), les incendies suivis d'explosion et les
cannibales (Tavan, 2011, p. 80). Seuls les pirates (indispensables…) sont
bien présents dans le roman et dans la série. Vincent Tavan soutient
l'hypothèse selon laquelle, dans le roman de Jules Verne *Seconde Patrie*,
le véritable danger s'avère en fait exclusivement d'ordre géographique
(*ibid.*, p. 81). Mais c'est bien aussi le cas dans *Deux ans de vacances* où,
tant dans le roman que la série, les jeunes héros s'interrogent sur la
nature exacte de l'île involontairement abordée : seraient-ils proches des
côtes de Nouvelle-Zélande, de Tasmanie ou du Chili ? L'impossibilité
de répondre à cette simple question hypothèque en fait tout espoir de
quitter l'île. En effet, en radeau ou en « bateau », vers où se diriger alors
que l'espace maritime du Pacifique est immense et très pauvre en terres
habitées entre le Tropique du Capricorne et le cercle polaire sud ? Dès
lors, réussir à se situer sur une carte devient synonyme de salut pour
les naufragés ; d'où l'importance cruciale de l'aide finale de « l'ermite
fou », déjà évoquée précédemment.

Au final, le *merveilleux géographique* est bien passé du roman à la série
où il s'est, à notre sens, considérablement renforcé. Des vues de bateau,
des amitiés juvéniles et « la grande d'aventure » dans un cadre lointain :
de quoi alimenter, par exemple, une vocation de géographe.

Jean-Yves Puyo

BIBLIOGRAPHIE

BERDOULAY, Vincent (1988), *Des mots et des lieux. La dynamique du discours géographique*, Paris, Éditions du CNRS.

BILLOTEY, Denise (1904), « La littérature enfantine », *La revue pédagogique*, t. 45, juillet-décembre, p. 121-132.

BRAN, Mirel, « Disparitions – Sergiu Nicolaescu, le "James Bond roumain" », *Le Monde*, 9 janvier 2013.

CUZENT, G. (1874), « Des boissons enivrantes en usage chez les différents peuples », *Bulletin de la Société académique de Brest*, t. 1, p. 141-230.

DEBRAY, Quentin (2020), « Jules Verne : de l'imaginaire à l'utopie », *Éditions matériologiques*, vol. 18, p. 63-70.

DRAVEN, Eric (2003), « Deux ans de vacances », *FlashbackTV*, 2003 ; en ligne, https://www.maniaco-deprebis.com/index.php?post/2019/09/Deux-ans-de-vacances [consulté le 3 mai 2022].

DUPUY, Lionel (2005), *En relisant Jules Verne – un autre regard sur les Voyages extraordinaires*, Dole, La Clé d'Argent.

DUPUY, Lionel (2009), *Géographie et imaginaire géographique dans les « Voyages extraordinaires » de Jules Verne : « Le superbe Orénoque » (1898)*, Thèse de Doctorat en Géographie, Pau, Université de Pau et des Pays de l'Adour, Vincent Berdoulay et Jean-Yves Puyo (dir.).

DUPUY, Lionel (2013), « Les voyages extraordinaires de Jules Verne ou le roman géographique au XIXᵉ siècle », *Annales de Géographie*, nº 690, p. 131-150.

DUPUY, Lionel (2017), « Le dialogue des imaginaires. Formes du monstrueux et merveilleux géographique dans *Voyage au centre de la Terre* (Jules Verne (1869) », *Cahiers de Géographie du Québec*, nº 172, p. 117-131.

ENGÉLIBERT, Jean-Paul (2008), « L'empreinte de l'Homme – Robinson et le désir de l'île déserte », *Écologie et politique*, nº 37, p. 181-194.

FAIVRE, Jean-Paul (1955), « À propos d'un cinquantenaire : Jules Verne (1828-1905) et le Pacifique. Contribution à l'étude de l'exotisme océanien au XIXᵉ siècle », *Journal de la Société des océanistes*, t. 11, p. 135-147.

FOUASSIER, Luc-Michel (2016), *Deux ans de vacances et plus – nouvelles*, Louvain-la-Neuve, Quadrature.

HUMBOLDT, Alexander, BONPLAND, Aimé (1811), *Recueil d'observations de zoologie et d'anatomie comparée faites dans l'océan atlantique, dans l'intérieur du nouveau continent et dans la mer du sud pendant les années 1799, 1800, 1801 et 1803*, Paris, F. Schoell, 1811, vol. 1.

LETOURNEUX, Matthieu (2010), *Le Roman d'aventures, 1870-1930*, Limoges, PULIM.

MARCOUIN, Danielle (1997), *Le roman d'aventures à l'école : les héritiers de Robinson*, Paris, Bernard-Lacoste.

MOURA, Jean-Marc (1999), « Littérature coloniale et exotisme », *Regards sur la littérature coloniale*, Jean-François Durand (éd.), t. 1, Paris, l'Harmattan, p. 21-39.

PUYO, Jean-Yves (2017), « La Guyane française et les romans géographiques : Boussenard, Maël *et alii* (1850-1920) », *Littérature et sociétés coloniales (1850-1960)*, Laurent Jalabert (éd.), Paris, Les Indes Savantes, p. 85-103.

PUYO, Jean-Yves (2021), « Geografia real *versus* geografia imaginária : os romances geográficos franceses do vasto espaço amazónico (1860-1910) », *Circulações transculturais : territórios, representações, imaginários*, José Luis Jobim, Marie Elizabeth Chaves de Mello, Eden Viana Martin, Nadine Laporte (éd.), Rio de Janeiro, Edições Makunaima, p. 333-357.

RAYMOND, Francis (1984), « Jules Verne ou le livre en défaut », *Romantisme*, n° spécial *Le livre et ses mythes*, n° 44, p. 105-119.

SEILLAN, Jean-Marie (2011), « Roman populaire et fictionnalisation de l'histoire – l'exemple de la Guerre des Boers », *Ailleurs*, n° 8, p. 37-47.

TAVAN, Vincent (2011), « *Seconde Patrie* de Jules Verne : du naufrage à la robinsonnade – permanences et renouvellements romanesques », *Travaux & documents*, vol. spécial *Tempêtes, naufrages et pirates dans l'océan Indien : accidents réels ou péripéties fictives*, Université de La Réunion, p. 75-85.

TERRAY, Emmanuel (1986), « Grandeur et décadence des montagnes de Kong », *Cahiers d'études africaines*, n° 101-102, p. 241-249.

TODOROV, Tzvetan (1970), *Introduction à la littérature fantastique*, Paris, Éditions du Seuil.

TOURNIER, Michel (2005), « Jules Verne ou le génie de la géographie », préface de la réédition de l'ouvrage de Jules Verne, *La Jangada – Huit cents lieues sur l'Amazone*, Monaco, Le Serpent à Plumes, p. 9-22.

VERNE, Jules (1888), *Les Voyages extraordinaires – Deux ans de vacances*, Paris, collection Hetzel.

LE *TV NOIR, URBI ET ORBI*

Longtemps indissociables des centres villes métropolitains, les séries relevant du genre noir se sont aventurées à partir des années 1960 dans les espaces moins denses des *suburbs*, de la campagne ou de la *wilderness*, en même temps qu'elles s'ouvraient à d'autres genres[1].

Dans les textes promotionnels, journalistiques ou académiques qui caractérisent les séries, le genre du « noir » se pare de nombreux épithètes[2]. La plupart relèvent d'une approche géographique en inscrivant le « noir » dans un milieu (*True Detective* est ainsi qualifié de *rural noir* et *Good Girls* de *suburban noir*) ou, plus souvent, en le rattachant à un toponyme plus ou moins précis. Le noir peut donc être nordique – c'est-à-dire scandinave – mais aussi celtique (la série bilingue *Hinterland / Y Gwyll*) voire « geordique » (désignant ainsi le Nord de l'Angleterre) dans le cas de *Vera*. Il est parfois galicien (*Auga Seca*), coréen ou australien (on parle alors d'*outback noir*), ou bien encore français (*Braquo*), new-yorkais ou de L.A. Quant à l'adjectif « tropical », il est appliqué aussi bien à la version singapouro-malaisienne de *The Bridge* qu'à la très états-unienne *On Becoming a God in Central Florida*.

Profusion rimant souvent avec confusion, il peut être utile de revenir à quelques éléments de définition de ce qu'est le « noir » même si ceux-ci tracent un cadre si large que certains considèrent que le terme désigne davantage un style ou une tonalité qu'un genre.

On date généralement de 1946 la création de l'expression « film noir » quand deux critiques français signalent l'apparition d'un nouveau type de récits policiers dans le cinéma américain, en rupture avec

---

1   Cet article est accompagné d'un portfolio que vous trouverez sur le site de la revue sous les deux liens suivants : https://www.saison.media/2023/01/08/le-tv-noir-urbi/ – https://www.saison.media/2023/01/08/le-tv-noir-et-orbi/

2   Je les cite en anglais puisque c'est dans cette langue qu'ils sont d'abord formulés puis repris.

la tradition du *whodunit* : des « récits nettement psychologiques [où]
l'action, violente et mouvementée, [...] importe moins que les visages,
les comportements, les paroles – donc la vérité des personnages[3] »,
« personnages [qui] sont [tous] plus ou moins ignobles », d'où se dégage
un « pessimisme désespérant » et dont les actes, souvent motivés par
« l'attrait sexuel », paraissent aussi « conditionnés par une obsédante
fatalité du crime[4] ». Comme toujours en pareil cas, cet acte de naissance
est discuté, mais peu nous importe ici. Retenons plutôt que quand le
terme se diffuse chez les cinéphiles américains dans les années 1970, il
permet de rassembler en une expression quelques traits caractéristiques :
un onirisme cauchemardesque, un érotisme au parfum de danger, une
profonde ambivalence morale des personnages, de leurs actions comme
de leurs sentiments. Également quelques figures : la femme fatale, le
détective sardonique, le mari jaloux, le policier ou l'édile corrompus,
tous ayant en commun la consommation de tabac, d'alcool voire de
drogue. Et enfin quelques choix en partie hérités de l'expressionnisme
allemand et du réalisme poétique français : le clair-obscur, des angles
de caméra déroutants, de nombreuses scènes nocturnes et effectivement
tournées de nuit, des procédés narratifs (voix-off, flashbacks) qui au lieu
de clarifier le récit tendent plutôt à le compliquer. Tout cela combiné
dans des histoires qui finissent plus ou moins mal et s'inscrivent dans
une philosophie existentialiste dont le succès est contemporain de celui
de ces films : les années 1940-1958 pour s'en tenir à la période classique.

CITY NOIR : LE NOIR MÉTROPOLITAIN

    Le décor du film noir est celui des grandes métropoles états-uniennes,
le plus souvent New York, Chicago, Los Angeles ou San Francisco. Cet
ancrage urbain transparaît parfois dans les titres mêmes des films, par
exemple *Sunset Boulevard*, *The Asphalt Jungle* ou *Night and The City*, tous

---

3   Frank, Nino, « Un nouveau genre policier : l'aventure criminelle », *L'Écran français*, n° 61,
     1946, p. 14.
4   Chartier, Jean-Pierre, « Les Américains aussi font des films "noirs" », *La Revue du cinéma*,
     n° 2, 1946, p. 68-69.

trois sortis en 1950, mais aussi des productions ultérieures, réalisées en hommage aux précédentes, comme *Chinatown* (1974), *L.A. Confidential* (1997) ou le récent *Motherless Brooklyn* (2019).

Les premières séries télévisées qu'on puisse rattacher à ce genre sont d'un noir plus pâle que les longs-métrages de cinéma car elles sont produites avec des moyens réduits, diffusées sur des chaînes très dépendantes de la publicité et même spécifiquement sponsorisées par des marques, ce qui les enserre dans un corset moral et commercial que leurs modèles du grand écran peuvent davantage délacer. Visuellement, la faible définition des écrans de salon remplace par des gris brumeux le beau noir et blanc contrasté du cinéma.

D'un point de vue géographique cependant, les séries noires restent fidèles aux *big cities* et soulignent ce qu'elles leur doivent. *The Naked City* (1958-1963) conclut chacun de ses épisodes (tournés à New York) par les deux phrases qui refermaient déjà le long-métrage éponyme de Jules Dassin en 1948 : « There are eight million stories in the naked city. This has been one of them. ». Symétriquement, tous les épisodes de *Dragnet* (1951-1959) s'ouvrent par un bref monologue en voix-off de son héros, Joe Friday, qui commence ainsi : « This is the city : Los Angeles, California » pendant que s'affichent à l'écran quelques plans larges montrant l'étendue de la ville, la hauteur de ses buildings ou l'intensité de sa circulation automobile. Qui souhaiterait découvrir quelques-uns des lieux emblématiques de Chicago aujourd'hui disparus peut voir avec plaisir *M Squad* (1957-1960) qui y tournait une partie de ses extérieurs, au début avec les autorisations nécessaires puis de manière plus clandestine, la municipalité ne goûtant guère la manière dont la série dépeignait la ville comme gangrenée par le crime, tout comme d'ailleurs *The Untouchables* (*Les Incorruptibles*, 1959-1963), peut-être la plus noire de toutes.

Dans ces métropoles denses, bruyantes et enfumées, certaines de ces séries choisissent comme décors récurrents des lieux encore plus denses, bruyants et enfumés, et associés à l'esthétique noire : les clubs de jazz. Peter Gunn, héros de la série du même nom (1958-1961) et détective privé d'une grande métropole jamais nommée, en utilise un, le Mother's, comme bureau. Quant au bien nommé Johnny Staccato – et là encore, c'est le titre de la série (1959-1960) – il est détective mais aussi pianiste de jazz, ce qui multiplie les occasions de passer du temps au Waldo's, dans Greenwich Village.

Cette attention portée aux intérieurs est en partie le produit d'une contrainte : toutes ces séries sont réalisées principalement en studio, y compris les extérieurs qui sont filmés dans des *backlots*, ces plateaux de tournage à ciel ouvert où l'on reconstitue une rue, l'entrée d'un immeuble, la devanture d'un magasin. Les quelques plans d'expositions et les trop rares séquences vraiment tournées dans la rue par une seconde équipe ne suffisent pas à faire sentir la métropole vibrante, populeuse, agressive. Et reconstituer les avenues new-yorkaises ou chicagolaises en studio avec un budget de télévision est impossible : il faudrait bien davantage de figurants, d'automobiles, d'enseignes au néon... L'énergie voire le danger doivent donc s'exprimer dans les scènes d'intérieur.

Cette veine du noir métropolitain dans les séries états-uniennes se prolonge dans les décennies suivantes sous une forme classique voire nostalgique en tentant de réactualiser la figure du détective privé, par exemple dans *Mike Hammer* (1983-1987), tournée dans le New York des *eighties* mais construite autour d'un héros en trench-coat et fédora échappé des années 1950, ou dans *Perry Mason* (depuis 2020), un *period drama* qui remonte aux origines du célèbre personnage d'avocat en s'attardant sur sa première vie d'enquêteur dans le Los Angeles des années 1930. D'autres séries cherchent à renouveler les figures imposées du noir en s'ouvrant aux genres de l'imaginaire. *Kolchak : The Night Stalker* (1972-1975 si l'on compte les deux téléfilms qui précèdent la série proprement dite), située à Las Vegas puis Seattle et enfin Chicago, confronte un reporter à des dangers fantastiques ou de science-fiction, principalement des créatures monstrueuses. Dans *Angel* (1999-2004), c'est le monstre (vampire) qui devient héros et la série, spin-off de *Buffy : The Vampire Slayer*, commence quand il quitte le genre *teen* et les *suburbs* de la série mère pour ouvrir son agence de détective privé dans la cité... des Anges, et du même coup basculer dans le noir, certes cuisiné avec d'autres ingrédients : fantastique évidemment, mais aussi chevalerie, humour et quête de rédemption. Encore plus près de nous, des séries policières comme *The Shield* (2005-2008) ou *Bosch* (2014-2021 et un spin-off au printemps dernier) perpétuent la tradition *angelena* du noir tendance fataliste, outrancièrement pour la première, stoïquement pour la seconde. Sur la côte est, *Daredevil* (2015-2018) et surtout *Jessica Jones* (2015-2019) et sa super-héroïne traumatisée montrent que New York est encore un cadre efficient pour ce genre.

Dans tous ces exemples, les repères du noir sont bien en place : nuit fréquente voire prédominante, recoins sordides, adresses interlopes, héros ou héroïne solitaire qui prend des coups plus souvent qu'à son tour, corruption endémique...

Parfois, c'est dans des villes fictionnelles qu'on retrouve ce noir familier. On pense d'abord à Gotham City, dans la version « dark-deco » de *Batman : The Animated Series*[5] (1992-1995) ou dans celle de *Gotham* (2014-2019), qui juxtapose décors, accessoires et costumes de différentes périodes du XXe siècle. On peut aussi mentionner Starling City dans la première saison d'*Arrow* (2012) lorsqu'à chaque épisode le nouveau justicier masqué porte contre le méchant de la semaine cette accusation définitive : « you have failed this city » (« vous avez trahi cette ville »). Ou encore, parmi les héritières du Los Angeles futuriste et néo-noir de *Blade Runner*, la Bay City d'*Altered Carbon* (2018-2020).

LES NOUVELLES VILLES DU NOIR

Cette tradition de la trinité New York / Chicago / Los Angeles et de leurs épigones fictives est un peu bousculée à partir des années 1980 par l'arrivée dans le « TV noir » de deux nouvelles métropoles : Miami et Vancouver. La première fait son entrée avec *Miami Vice* (1984-1989), une série dont le pitch initial (« MTV cops », du nom de la chaîne musicale du câble spécialisée dans la diffusion de vidéo-clips), paraît pourtant nous emmener loin de toute obscurité. Au premier abord, la plus grande ville de Floride paraît en effet mal se prêter au noir : trop subtropicale, trop colorée, trop balnéaire. Il est bien là, pourtant, dans l'ADN artistique de son producteur Michael Mann, un réalisateur dont les films se sont vus souvent accoler l'étiquette « néo-noir » postérieurement à cette série. Dans les premières saisons de *Miami Vice*, les marqueurs visuels très connotés abondent : plans à la composition asymétrique, ombres portées des stores vénitiens, scènes sous-exposées ou au contraste élevé... Et les intrigues ne sont pas en reste, puisqu'on y suit des policiers sous couverture qui se font passer pour des narco-trafiquants. Par la suite, le Miami noir revient sur les

---

5   Voir l'article de David Neuman et Fabien Vergez dans ce numéro.

écrans grâce aux nostalgiques et jazzy *Moon over Miami* (1993) et *Magic City* (2012-2013), mais aussi et surtout grâce à *Dexter*, dont la première saison (2006) est la seule entièrement tournée en Floride. On y fait connaissance avec un héros à double visage : expert de la police scientifique en chemise claire le jour, mais psychopathe meurtrier portant en lui un « *dark passenger* » la nuit. La ville ensoleillée qui lui sert de théâtre d'opérations, dédiée aux plaisirs et aux divertissements à toute heure, paraît si peu se prêter à la violence des crimes sanglants qui y sont commis que Dexter remarque qu'ils paraissent sortis d'une version macabre et gore de Disneyland. L'ambiguïté est donc de mise, ce qui est une des règles du noir.

De manière moins identifiable, Vancouver rejoint le corpus des cités de TV noire avec *Wiseguy* (*Un flic dans la mafia*, 1987-1990). La grande métropole de l'ouest canadien commence à cette époque à devenir la doublure *discount* des villes états-uniennes où les coûts de production sont trop élevés. Dans *Wiseguy*, Vancouver joue son propre rôle mais tient aussi celui d'Atlantic City et de diverses localités dans une série qui pousse loin l'ambiguïté et le désespoir, centrée sur un héros sacrificiel, agent fédéral qui consent à faire de la prison pour épaissir sa couverture de mafieux et qui sort lessivé, écœuré de ses missions à haut risque dans le milieu du crime organisé. Elle vaut aussi pour sa galerie de méchants qui culmine dans un couple frère-sœur quasi-incestueux composé d'un psychopathe toxicomane et d'une femme fatale, tous deux supérieurement intelligents. Quelques années plus tard, la ville est davantage mise en valeur dans *Profit* (1996), série avant-gardiste très brève (faute de succès) dont le protagoniste – Jim Profit – est un cadre supérieur machiavélique prêt à tout pour gravir les échelons de la multinationale qui l'emploie. Entre grisaille humide et éclaircies, Vancouver l'océanique devient le terrain de jeu de ce héros négatif, qui prépare nuitamment ses manigances, entièrement nu dans la pénombre de son appartement, le visage éclairé en clair-obscur par l'écran de son ordinateur, puis les exécute au grand jour dans les bureaux aux larges baies vitrées donnant sur les buildings du quartier des affaires. Tout du long, sa voix off nous présente les collègues et supérieurs hiérarchiques qu'il prend pour cibles, et les tactiques adoptées pour les éliminer, tandis qu'un flashback récurrent (il figure dans le générique) nous montre que Profit dort depuis l'enfance dans une boîte en carton, homme sans maison dans une ville où il opère mais qu'il n'habite pas.

Plus récemment, de multiples grandes villes en dehors d'Amérique du Nord ont été filmées avec un filtre noir, devenu l'outil efficace d'une sensibilité pessimiste mondialisée : la capitale allemande dans *Babylon Berlin* (depuis 2017), celle de l'Irak dans *Baghdad Central* (2020), Singapour dans *Serangoon Road* (2013), ou encore Séoul et Londres respectivement dans *Heartless City* (2013) et *Luther* (2010-2019).

Dans toutes ces cités multimillionnaires, le noir s'exprime par le plein comme par le vide : bars bondés et entrepôts déserts, rues animées et allées vides, bureaux fréquentés le jour par leurs occupants réguliers et sans âme qui vive la nuit quand s'y introduisent voleurs ou enquêteurs. Un peu plus loin, les *suburbs* et les marges sauvages (collines sub-arides qui surplombent Los Angeles, forêt subtropicale aux portes de Miami) font entrer le vide dans la ville le temps d'une course poursuite ou du délestage d'un cadavre encombrant. Mais il ne s'agit que d'un vide interstitiel ou périphérique, pas d'un autre univers.

LA VIE SAUVAGE

Pour trouver le noir vraiment installé en milieu rural ou dans les espaces sauvages (la *wilderness*), il faut se tourner vers d'autres genres, quitter l'univers des gangsters et des détectives privés et remonter le temps. À la télévision américaine des années cinquante-soixante, le genre non-urbain par excellence, celui des grands espaces, c'est le western. Mais il est la plupart du temps destiné au jeune public et ne pourrait accepter l'ambiguïté morale propre au noir. Les westerns qui s'adressent davantage aux adultes (comme *Gunsmoke* ou *The Rifleman*), tolèrent plus de violence et autorisent même des femmes duplices et des méchants pervers, mais n'en deviennent pas noirs pour autant. Il leur manque des doutes, des tentations, des pulsions autres que celles de décharger leur six-coups sur le méchant de la semaine. Ne reste que des exceptions, comme *The Loner* (1965-1966), signalé par Allen Glover dans un livre auquel cet article doit beaucoup[6].

---

6   Glover, Allen, *TV Noir : Dark Drama on the Small Screen*, New York, Abrams, 2019.

Inversement, les séries d'espionnage, très en vogue elles aussi dans les années 1960, proposent parfois des héros itinérants à l'identité trouble, qui ont pour mission de débusquer les mensonges et faux-semblants, les traîtres et les escrocs, sans être eux-mêmes démasqués. Mais ils ne s'écartent que rarement des lieux urbains. Ainsi le globe-trotter John Drake dans *Danger Man* (1960-1968) vole-t-il de Beyrouth à Paris, de Hong-Kong à New York, toujours dans un lieu stratégique, un lieu-enjeu.

Il faut donc attendre une série qui tienne à la fois du policier (un crime et la cavale du présumé coupable), du western (l'attrait des espaces où la loi se fait moins sentir) et d'une touche d'espionnage (de fausses identités, des couvertures toujours susceptibles d'être découvertes). Cette série s'appelle *The Fugitive* (1963-1967), un titre porteur d'une tension tout à fait noire. Certes, son héros, Richard Kimble (David Janssens) n'est pas noir au sens le plus classique du terme : il n'a guère le temps d'allumer une cigarette et de siroter un whisky en attendant qu'une séduisante et mystérieuse jeune femme franchisse le seuil de son bureau pour lui demander son aide dans une affaire qu'il serait sage de refuser. Condamné à tort pour le meurtre de son épouse, il parcourt les États-Unis à la recherche effrénée du véritable assassin, tout en tentant d'échapper à l'infatigable Lieutenant Gerard qui veut le remettre derrière les barreaux. Mais la solitude, le danger, l'injustice et la paix introuvable colorent son épuisante double course-poursuite d'une couleur bien sombre, le menant de petits boulots en vilaines chambres d'hôtel, de fausses pistes en mauvaises rencontres et le conduisant parfois même au bord de la folie. Ajoutons à cela d'incessants changements d'identité, un méchant qui est manchot, et la révélation, tout à la fin, qu'un témoin oculaire de l'assassinat originel aurait pu, s'il n'avait été lâche, éviter au héros ces années d'errance angoissée : on est bien en plein cauchemar existentiel. Pendant 120 épisodes. Ou du moins le serait-on si Kimble était désabusé ou égoïste. Heureusement, la morale est sauve : Kimble est un vrai héros, honnête et altruiste, et ses malheurs ne font qu'exciter son courage.

En termes de localisations, la quête de Kimble le fait passer par de nombreuses grandes villes mais aussi par des localités bien plus périphériques et moins peuplées, voire par différents lieux vides ou sauvages où l'héritage western de *The Fugitive* ressort : une maison isolée dans une forêt californienne (« Run the Man down ») ou bien des routes du

Nevada sur lesquelles notre héros roule en compagnie d'une religieuse qui compte renoncer à ses vœux (« Angels travel on lonely roads »). John Drake pouvait lui aussi atterrir loin des grandes concentrations humaines pour certaines missions mais il s'agissait en fait de ce qu'on appelle en géopolitique des « zones grises » abritant des activités clandestines et suscitant des convoitises rivales : une portion de désert contrôlée par des trafiquants, une île servant de base secrète, une frontière peu surveillée. Kimble, lui, échoue dans des lieux oubliés, désertés, vulnérables à des risques potentiellement catastrophiques : une mine abandonnée dans les Appalaches (« The Other Side of The Mountain »), un coin du Kansas vidé de ses habitants par l'annonce d'une inondation (« Landscapes with running figures »), un campement de saisonniers agricoles menacé par un incendie en Californie (« Smoke Screen »). Et partout il doit éviter les pièges qui lui sont tendus, partout il doit faire face aux tromperies, aux trahisons, aux dénonciations. Ses compagnons, alliés ou ennemis, sont souvent eux aussi des marginaux, des laissés-pour-compte ou au moins des hommes et des femmes qui fuient quelque chose sinon eux-mêmes, fidèles en cela à la tradition noire.

Une autre série célèbre de cette époque, *The Invaders* (*Les Envahisseurs*, 1967-1968), surenchérit dans la paranoïa en donnant comme antagonistes au héros des extraterrestres projetant de coloniser le Terre. Or ce mal trouve son origine sur « une route de campagne désolée » (« a lonely country road ») pour reprendre la célèbre accroche en voix-off qui ouvre chaque épisode. C'est là, en pleine nuit, à côté d'un *diner* abandonné qui signe l'absence de civilisation, que David Vincent est pour la première fois témoin de l'atterrissage d'un OVNI. Les dangereux aliens, dont l'entreprise de conquête doit rester secrète, ont par la suite une propension à se manifester dans des régions rurales (au Kansas dans « Nightmare », en Virginie occidentale dans « Panic », au Wyoming dans « Valley of the Shadow ») ou dans la *wilderness* (celle de l'Utah, par exemple, dans « Doomsday Minus One » et dans « The Enemy »). Autant de lieux certes plus discrets que Times Square ou Hollywood Boulevard pour qui veut subrepticement asservir l'humanité. Autant d'endroits surtout qui dépaysent à nouveau le noir. Là encore, cette teinte n'est pas la seule qui puisse définir la série, d'ailleurs celle-ci est en couleur et même très multicolore, puisqu'à cette époque il fallait convaincre les consommateurs de la valeur ajoutée d'un téléviseur capable d'afficher des images polychromes. Cela prive *The Invaders* du clair-obscur contrasté qu'on associe si souvent au noir. Et, comme c'est le cas pour *The Fugitive*, et ensuite pour *Kolchak* par exemple, le mélange des genres est de mise, ici avec la science-fiction. La part de noir reste néanmoins importante, avec un héros investigateur informel lancé sur la trace d'ennemis dissimulés, qui ne peut se fier à personne, doit encaisser bien des revers et se contenter de modestes succès dans une quête à l'issue au mieux incertaine.

La figure noire du héros itinérant, toujours en situation précaire, et dont l'errance est consubstantielle du trouble identitaire, connaît un retour dans les années 1990. Dans *Nowhere Man* (*L'Homme de nulle part*, 1995-1996), un homme privé en un instant de son identité (personne ne le reconnaît plus et il n'a plus d'existence légale, comme s'il n'avait jamais existé) cherche à déjouer le complot qui l'a jeté dans cet enfer existentiel. Mais c'est surtout *The Pretender* (*Le Caméléon*, 1996-2000) qui incarne ce regain, pas pour l'épisode qui parodie les films noirs classiques (« The Cold Dick », situé à Las Vegas), mais pour certains des traits caractéristiques de l'ensemble de la série. Les flashbacks en noir et blanc y sont systématiques, l'assortiment de méchants est conforme aux attentes avec notamment un technicien compétent mais effacé (Broots), un monstre (le Dr Raines), et surtout une femme fatale autoritaire, névrosée, dominatrice, tout en sensualité réprimée (Miss Parker). Elle est tout entière dédiée à la traque de Jarod, le héros « caméléon » (c'est le titre français de la série) qui est « capable d'assumer n'importe quelle identité » (c'est son don distinctif, rappelé au début de chaque épisode) et en quête de ses origines. Un héros aux mille visages mais qui en possède en fait surtout deux : tantôt celui de l'innocence quand il découvre la vie avec enthousiasme, rattrapant ainsi l'enfance dont il a été privé, tantôt celui de la vengeance quand il confond, dans chaque épisode, celles et ceux qui ont commis des crimes restés impunis. Il est alors souvent filmé en clair-obscur, manipulateur et implacable, comme le jumeau – bien-intentionné – de Jim Profit.

Dans *The Pretender*, le vide n'est pas principalement celui du désert, de la forêt ou de la petite ville, même si ces milieux servent effectivement de cadres à un certain nombre d'épisodes. Il est surtout matérialisé par le « Centre », nom qui désigne la mystérieuse organisation qui a élevé

Jarod dans le but d'exploiter son don de caméléon à des fins criminelles, mais aussi le lieu qui l'abrite et dans lequel se déroulent des scènes au présent et plus encore des flashbacks qui nous font découvrir la jeunesse de Jarod. Dans la réalité, ce vaste bâtiment art déco (un style qui sied au noir) est une usine de traitement des eaux de Toronto. Dans la fiction, il apparaît comme un gigantesque monolithe isolé trônant au milieu de pelouses parfaitement tondues et jamais foulées. Nulle présence humaine à ses abords. À l'intérieur, c'est un ensemble complexe, et principalement souterrain, de locaux plus ou moins secrets : bureaux, couloirs, laboratoires et autres salles de test voire de torture. C'est donc le genre de l'horreur qui s'invite ici, incarné par le Dr Raines : il hante pour ainsi dire le Centre et son apparition est précédée par le grincement des roues du chariot à oxygène qu'il traîne toujours avec lui depuis que ses poumons ont été brûlés dans l'incendie du laboratoire secret dans lequel il pratiquait de sinistres expérimentations. Pour ce qui est du noir, le compte y est également dans ce lieu mystérieux même pour ceux qui y travaillent : dans les flashbacks qui nous ramènent dans les années 1960, Jarod, l'enfant surdoué et isolé, nous apparaît dans un noir et blanc contrasté, tandis qu'au présent, les éclairages rappellent un peu ceux de *The X-Files*, entre bureaux sous-exposés et tunnels brumeux. Quelle que soit l'époque, les employés du Centre, sans doute nombreux dans un lieu aussi grand mais de fait anonymes voire invisibles, sont soumis à une surveillance et une suspicion permanente, caméras et micros enregistrant leurs faits et gestes.

LES BANLIEUES DU NOIR

Si *The Pretender* loge le noir dans un lieu extraordinaire et presque abstrait, d'autres séries ont cherché à le localiser dans des endroits très familiers aux téléspectateurs de séries américaines : des centres commerciaux, des motels, des villas avec piscine, des parkings, un lycée, bref une *suburb*. C'est ce que fait *Veronica Mars* (2004-2019), en l'occurrence dans la région de San Diego. Un demi-siècle plus tôt, *Dragnet* nous emmenait déjà dans les périphéries pavillonnaires loin de Downtown, mais rayonnait à partir d'un lieu central, l'imposant building du quartier général de la police représenté sur le fameux badge montré à chaque générique.

Le pari de *Veronica Mars*, c'est de réaliser la combinaison qu'*Angel* n'avait pas osé ou voulu tenter, celle du genre *teen* (centré sur les adolescents), qui est éminemment suburbain, et du noir, emblématique de l'*inner city*. L'habillage est donc léger (humour, quotidien de la vie lycéenne, relations amoureuses fragiles et compliquées) mais le fond est bien ténébreux : dans une spirale infernale qui s'élance avant même le début du premier épisode, la meilleure amie de Veronica est assassinée, son père est destitué de ses fonctions de shérif, sa mère les abandonne tous les deux, et Veronica elle-même est droguée à son insu et violée. De plus, une tension permanente règne à Neptune, la banlieue balnéaire fictive, et dans son lycée, partagés qu'ils sont entre deux populations : une blanche et aisée, une hispanique et défavorisée.

Visuellement, la série propose un intéressant renouvellement en baignant ses images de couleurs très affirmées (vert, bleu, jaune…), notamment dans les lieux les plus associés au noir et blanc traditionnels comme l'agence de détective des Mars père et fille. En l'occurrence, la présence dans ces bureaux – certes incongrue – de vitres aux carreaux de verre colorés peut encore expliquer ces lumières inhabituelles. Mais dans de nombreuses scènes, il n'y a tout simplement pas d'explication vraisemblable à ces teintes, ou en tout cas pas plus qu'il n'y en avait aux clairs-obscurs du noir classique. L'artificialité voire le maniérisme est donc un trait que Veronica Mars reprend à son compte mais en le mêlant à une plus grande neutralité esthétique dans de nombreuses scènes d'extérieur, par exemple celles de la pause déjeuner au lycée, qui renvoient, elles, à la tradition la plus accessible du *high school drama*.

Arrivés avec *Veronica Mars* au mitan à la première décennie du XXIe siècle, il serait tentant d'enchaîner par la présentation de tout un ensemble de séries des années 2000 à 2020, étiquetées noires ou pouvant être au moins rapprochées de ce genre. Elles procèdent de deux fictions fondatrices, la danoise *Forbrydelsen* (*The Killing*, 2007-2012) et l'états-unienne *Breaking Bad* (2008-2013) et ont été produites en Europe, surtout du nord (le fameux *Nordic noir*) ou aux États-Unis, voire ailleurs comme la néo-zélandaise *Top of The Lake*. Elles partagent un goût pour les décors ruraux (*Ozark*) ou les étendues désolées (*Fargo, Bron/Broen* et ses nombreuses adaptations) qui pourrait s'inscrire dans notre propos.

Cependant, il nous semble qu'elles s'écartent trop des séries noires que nous avons analysées jusqu'ici pour qu'on les y ajoute. Stylistiquement, elles ne reprennent à peu près aucun élément canonique. Thématiquement, elles sont marquées par la dépression et la mélancolie[7], des états psychologiques étrangers aux héroïnes et héros que nous avons convoqués jusqu'ici. On a vu que ces derniers, parfois accablés par un trauma fondateur, pouvaient s'emplir de doutes, d'angoisse voire d'un passager désespoir, mais des protagonistes foncièrement malheureux et auto-destructeurs comme Wallander (dans la série britannique éponyme) ou Rust Cohle (*True Detective*, saison 1) nous emmènent dans une autre direction.

Il n'en reste pas moins que cette sensibilité pessimiste, aujourd'hui majoritaire dans le noir, produit des paysages saisissants de désert (le Nouveau-Mexique et ses *mesas* dans *Breaking Bad*), de grèves grises, de forêts froides, de champs sillonnés de pylônes électriques (*Durham County*), qui ne peuvent que susciter l'intérêt de tous ceux qui voient les séries comme un *art du lieu* au moins autant que comme un *art du temps*. Ils actent la continuation d'une sortie des villes entamée dès les années 1960, qui a permis d'élargir la dimension d'exploration psychologique et sociale du noir en déplaçant ses protagonistes d'un monde plein vers un monde de plus en plus vide.

Ioanis DEROIDE

---

7   Sérisier, Pierre, *L'Empire de la mélancolie : L'univers des séries scandinaves*, Paris, Vendémiaire, 2017.

LA GOTHAM DE *BATMAN*,
UNE GÉOGRAPHIE DES PEURS AMÉRICAINES

La ville de Gotham, bien qu'imaginaire, est pour des millions de personnes mieux connue dans sa géographie que n'importe quelle ville américaine[1]. Avec son centre-ville hérissé de buildings dominant de sombres ruelles, le prospère manoir Wayne perché sur les collines environnantes, ou encore le sinistre asile d'Arkham relégué en périphérie, l'univers de Batman est profondément ancré dans un imaginaire collectif.

Depuis sa création en bande-dessinée en 1939, le personnage de Batman a donné naissance à une multitude de productions aux supports variés, du comics au jeu vidéo, en passant par le cinéma, établissant peu à peu une véritable mythologie contemporaine. Il est toutefois intéressant de s'attarder sur les points d'inflexion majeurs, qui ont grandement contribué à ce succès. Une période faste se dessine, de la fin des années 1980 au début des années 1990, quand une série d'œuvres révolutionnent le personnage, fixant son esthétique pour les décennies à venir. En effet, entre 1986 et 1992, trois productions dans trois genres différents renouvellent la figure de Batman et ses représentations. En 1986, Frank Miller publie la bande dessinée *The Dark Knight Returns* – faisant au passage, basculer les comics dans l'ère moderne – où un Batman vieillissant et crépusculaire revient une dernière fois dans une ville qui s'enfonce dans le chaos. En 1989, c'est au tour de Tim Burton de s'appuyer sur ce comics avec son film *Batman*, et de donner ainsi chair à une Gotham baroque, dont le style mélange l'esthétique des films de genre des années 1950-1960 et le courant gothique qui fleurit depuis les années 1980.

Enfin, en 1992, c'est du côté d'un genre peu attendu, la série animée, que les canons de Batman sont fixés avec *Batman – The Animated Series*. À la fois point d'héritage et point de départ, elle réinterprète la mythologie

---

1 Cet article est accompagné d'un portfolio que vous trouverez sur le site de la revue sous le lien suivant : https://www.saison.media/2023/01/09/gotham-batman-the-animated-serie/

du chevalier noir dans une Gotham devenue archétypale pour toute une génération. Pétrie de références, elle convoque les grandes symboliques du personnage pour créer une œuvre matricielle.

GOTHAM, UNE GÉOGRAPHIE
DU CAPITALISME ET DU CONTRÔLE

Par sa forme et son positionnement, *Batman* occupe une place singulière. Dans le paysage sériel, rares sont les séries animées à savoir trouver un point d'équilibre entre des productions clairement destinées aux enfants et des séries uniquement destinées aux adultes. À l'image des *Simpson*, la série *Batman* réussit ce tour de force : pouvant être vue par un public très large, elle introduit toutefois des thèmes et une esthétique profondément adulte. En une longue première saison de 65 épisodes, diffusés de septembre 1992 à septembre 1993, l'ensemble de la galerie et de la géographie de l'univers de Batman est revisité par la série animée, afin d'en établir les nouveaux canons.

En ce sens, le générique condense la symbolique et l'essence même de la série en tout juste une minute. À la fois tour de force esthétique et narratif, il mérite d'être examiné du point de vue de la géographie, car il constitue une démonstration des inégalités socio-spatiales au sein de la ville de Gotham. Cette métropole, où les aventures de Batman se déroulent, est avant tout un archétype de la ville américaine du XXe siècle, telle qu'on peut l'imaginer au début des années 1990, même si nous verrons que la chronologie est plus complexe qu'il n'y paraît. Elle combine notamment les grands éléments urbains des villes du Nord-Est des États-Unis de New-York à Chicago, du Central Business District à la couronne industrielle, en passant par les banlieues cossues. Elle peut par ailleurs être lue dans ses deux dimensions, horizontale et verticale, mettant en exergue centralité et rapports de pouvoir. Ce générique qui démarre dans le ciel de la ville, pour y retourner, propose ainsi un panorama géographique de la ville américaine.

La notion de centralité est directement évoquée avec la mise en scène d'un centre des affaires, où se concentre la richesse, incarnée ici par les silhouettes étirées de gratte-ciels, symboles de la prospérité américaine. Sa dimension financière, première, surgit quasi immédiatement avec la présence de la banque, premier mot à s'afficher en emblème au générique. Mais son intérêt réside aussi dans la dimension de verticalité, car en plusieurs aller-retours, entre ciel et bas-fonds, la série pose les rapports de domination et de stratification sociale qui la sous-tendent au long des épisodes.

Dans la métaphore d'un visage aux yeux omniscients, le ciel de Gotham se dévoile, quadrillé par les dirigeables de la police balayant la ville de leurs faisceaux. Dans ce monde, deux strates cohabitent sans se mélanger, sinon dans des rapports de peur et de violence. Le domaine de Batman, alter ego du riche héritier Bruce Wayne, se situe sur les toits des buildings, en haut des tours où trônent les sièges et bureaux des grandes entreprises américaines. À l'inverse, le domaine des rues est celui de la criminalité, où des silhouettes sans visage s'attaquent à l'argent, et font régner la violence. N'oublions pas que la série commence en 1992, la gentrification et la réhabilitation de New-York ne se font que dans la deuxième partie des années 1990, sous l'impulsion notamment de Rudy Giuliani (les sex-shops sont ainsi chassés de Times Square en 1998). Les villes américaines ont encore en partie cette image héritée des années 1970 et 1980, de lieux repoussoirs, gangrenés par la violence, bien avant la gentrification qui se prépare. Batman évolue dans les ruines de sa ville.

« *Pantheum vetustate corruptum cum omni cultu restituerunt* ». Sur le fronton du Panthéon romain, cette inscription rappelle ce que le monument doit aux travaux de rénovation de Septime Sévère et de son fils Antonin (202-203) qui « restaurèrent avec toute sa parure le Panthéon dégradé de vieillesse ». De Rome à Gotham, il y a certes un pas à franchir pour adapter cette citation mais c'est un tropisme qui mérite d'être suivi. Il concerne la question des ruines. Les romains différenciaient la ruine des ruines. Au singulier, *ruina*, le terme désigne un édifice qui a subi une dégradation, un effondrement ou une destruction. Le mot n'a alors aucune valeur positive, c'est plus tard, au XVIIe siècle puis sous le romantisme, que le terme se confond avec la beauté fantasmée d'un passé idéalisé. Cela étant, sous la dégradation point encore la construction originelle. Au pluriel, *ruinae* évoque une masse indistincte de pierres à une échelle plus grande, celle du territoire. On est alors plus proche des gravats, des décombres que du bâtiment atteint par le temps. Les Romains n'avaient aucun attrait pour la dégradation – positive parfois pour nous – du temps qui passe (*vetustate corruptum*). La rénovation et l'entretien des espaces urbains étaient indispensables pour éviter que les signes d'un effondrement civilisationnel n'apparaissent dans l'espace public. Ainsi, l'architecte Vitruve (Ier siècle) estimait qu'un bâtiment subissait une dégradation annuelle de 1/80e, soit une indispensable rénovation toutes les trois générations. À l'échelle de Gotham et de l'espérance de vie contemporaine, la vétusté menace donc sur deux générations et l'on comprend que Bruce Wayne, quand il intervient dans les espaces en déliquescence de la ville, lutte aussi contre la *vetustas* qui met en péril la pérennité de l'œuvre de son père. Batman refuse la dégradation mais ne renie pas le passé. Il n'entend pas rénover Gotham ou restructurer son urbanisme, il entretient l'œuvre urbaine de son père en luttant contre sa dégradation. À l'instar des Romains, il considère l'espace public comme le miroir de la civilisation qui l'a produit et en luttant contre sa « ruination » (pour reprendre le mot de Bruce Bégout), sa transformation en vestiges, il maintient sa mémoire et ce faisant, celle de son père, bienfaiteur et victime expiatoire d'une urbanité en crise. « *Gotham quanta fuit ipsa ruina docet* », « les ruines de Gotham nous montrent sa grandeur » – si l'on veut bien adapter à la ville de Batman cette célèbre antienne du XVIe siècle.

Pour tenter d'endiguer le crime et cette déliquescence, il faut des figures symboles de l'ordre et de la loi. Celle des policiers est particulièrement présente et revient à plusieurs reprises dans le générique, avec la poursuite en voiture, scène classique du cinéma américain, et l'arrestation des malfrats, à la suite de l'intervention de Batman. Cette omniprésence de la figure policière renvoie à une forme de militarisation de l'espace urbain, telle qu'elle a été théorisée par Stephen Graham[2].

Car Batman, en dépit d'une position ambivalente, reste à la différence de nombre de super-héros un allié de la police, symbolisée par l'alliance et l'amitié avec le commissaire Gordon. À titre de comparaison, on peut citer le générique de la série animée *Spider-Man*, sortie en 1967. La ville américaine est là aussi présente, tout comme la figure des malfaiteurs,

---

2   Graham, Stephen, *Villes sous contrôle. La militarisation de l'espace urbain*, Paris, La Découverte, 2012.

pris la main dans le sac, mais dans une bijouterie cette fois. Pour autant la police n'apparaît jamais. On est encore plus loin d'un Hulk, toujours chez Marvel – mis en scène dans la série *The Incredible Hulk* (1977) recherché pour meurtre et traqué par l'armée. La première scène de l'épisode introductif *On leather wings* (S1E1) appuie bien cet angle, en choisissant une ouverture de la série, non par la figure héroïque de Batman, mais par des policiers surveillant la ville depuis leur dirigeable, en écho à l'ouverture du générique.

Une ville en ruine est un espace qui perd ses fonctions. La mise en scène d'une Gotham en proie à des problèmes de gestion urbaine renvoie directement à cette peur de la défonctionnalisation et à la transformation de la ville en *junkspace*. Théorisé par l'architecte Rem Koolhaas, « l'espace poubelle » exprime l'idée selon laquelle les aménagements qui perdent leur sens n'ont plus d'existence concrète dans les urbanités contemporaines. Le plus souvent, ce sont des lieux déconnectés de toute fonction, qui n'apportent rien à la vie des habitants. Parfois, il s'agit au contraire d'espaces qui ont perdu leur sens dans une ville en proie à des difficultés. N'étant plus utilisés, souvent désignés par une fonction qu'ils n'exercent plus (un pont en ruine, une friche industrielle, les exemples sont nombreux), ils sont abandonnés ou réaffectés à des usages interlopes. C'est ce qui se passe à Gotham et que l'on devine dès le générique. Associé à la police, Batman s'emploie à la reconquête de ces espaces abandonnés.

Gratte-ciels en déshérence, banques dévalisées et tunnels abandonnés sont des figures importantes de l'anxiété urbaine. Cette grammaire de la ruine détermine un espace dans lequel les rôles sont inversés. Dans cette ville sans repères se déploient des figures carnavalesques : le Joker, Catwoman, Batman lui-même, inversent les rôles dans un espace sans règles, une Venise post-moderne en cours de naufrage. La police incarne une sorte de continuité, d'un retour possible au contrôle.

Parmi les hyper-lieux de la série, il est révélateur que le tribunal, la prison de Gotham et l'asile d'Arkham, mis en scène dès l'épisode *Christmas with the Joker* (S1E2), lieux d'enfermement et de contrôle par excellence, reviennent à plusieurs reprises au cours de la série, voire consituent le cadre unique de certains épisodes comme *Dreams in Darkness* (S1E28) à Arkham ou *I Am the Night* (E49S1) qui nous dévoile l'intérieur du pénitencier de la ville.

La mise en scène d'une géographie du capitalisme et de la surveillance constitue donc un fil rouge de la série, et en particulier du générique jusqu'à l'iconique image finale, où Batman est figé en contre-plongée devant un ciel rouge, tout à la fois symbole du *vigilante* qui veille sur la ville et emblème d'une marque modélisée et mondialisée, érigée sur le toit d'un building. En ce sens, le signal que le commissaire Gordon projette sur le ciel de Gotham, avec son logo très graphique, peut être apparenté à une forme d'appropriation spatiale, sous la forme d'un *branding* de la ville, ce qu'est Gotham réellement, la ville de Batman.

Cette thématique de la richesse face à la pauvreté et les mobilités entre ces deux pôles irrigue toute la série, dans ses personnages, ses thématiques et ses espaces. Le film *Justice League* de Zack Snyder (2017, puis 2021 pour une nouvelle version) qui met en scène plusieurs super-héros de DC comics, maison mère de Batman, aborde avec ironie cet aspect lorsqu'un personnage demande à Batman quel est son super pouvoir. Celui-ci répond alors par un laconique et lapidaire : « Je suis riche ». Cette richesse est incarnée spatialement par le manoir Wayne, Bruce Wayne étant l'alter ego de Batman au civil, situé à l'écart de la ville. Dans l'épisode *On leather wings* (S1E1) il est introduit en contre-plongée, perché sur une colline, tel le château de Dracula, au bout d'une route en lacets sous une pleine lune. Allégorie contemporaine de la motte castrale, cette figuration incarne spatialement la domination du seigneur sur ses gens, seigneur ayant tout pouvoir, dont celui de justice.

Toujours affublé de son majordome, Alfred, Batman / Bruce Wayne renvoie à une représentation surannée du pouvoir exercé par les vieilles familles américaines, tels les Rockefeller ou les Vanderbilt, évoluant entre galas de charité (au profit de l'université au début de l'épisode *Nothing to fear*, S1E3) et inaugurations (comme celle des travaux du pénitencier de façon très ironique, en entame de l'épisode *Pretty poison* – E5S1). Bruce Wayne fréquente ainsi toute la notabilité américaine : les grands industriels, le maire ou encore le procureur, au travers de la figure de son ami Harvey Dent.

Les sièges d'entreprises, symboles là aussi du capitalisme, constituent des lieux centraux de la géographie de Gotham, cible des agressions de l'iconique galerie de vilains de l'univers de Batman. Ainsi *Phoenix Pharmaceuticals* est attaquée par Man-Bat dans l'épisode 1 ou Gothcorp

Inc par Mister Freeze dans l'épisode *Heart of Ice* (S1E14). Il est intéressant de voir que ces entreprises sont là encore montrées au prisme de la surveillance, les vigiles chargées du gardiennage étant souvent les acteurs les plus représentés, car l'Amérique doit veiller sur sa richesse, son bien le plus précieux.

Si l'on s'intéresse au capitalisme américain du XXe siècle, on ne peut faire l'impasse sur la question de l'automobile, autre symbole de cette Amérique triomphante. Ce système économique a été tout particulièrement porté dès le début du XXe siècle par l'industrie automobile, avec des entrepreneurs comme Ford, et reste concentrée dans les villes du Nord-Est (Detroit, Cleveland…). Tout à la fois symbole de l'*American way of life*, et figure récurrente du cinéma et des séries américaines, de *Bullitt* (1968) au générique de *Starsky et Hutch* (1975-1979), les poursuites en voiture abondent dans l'intense production audiovisuelle des États-Unis. La Batmobile rugissante, expulsée d'un tunnel-canon dans le générique, surclasse systématiquement par son poids et sa puissance celles des malfrats, appuyant l'inégal déséquilibre du combat entre deux mondes que tout oppose.

Les protagonistes de la série, qui sont aussi les habitants de Gotham, ne cessent d'évoluer au sein d'espaces emblématiques passant de ces hauts lieux du capitalisme aux bas-fonds, mettant ainsi tout particulièrement en avant la thématique du déclassement. La série se pose ainsi comme un filtre grossissant des stratifications sociales, tant au sens spatial qu'à un niveau symbolique. Car si Bruce Wayne descend la nuit au plus près des ruelles pour revenir dans la haute société au grand jour, pour de nombreux personnages le chemin se fait dans un sens unique de déclassement.

On découvre ainsi un ancien acteur ayant incarné un super héros dans une vieille série en noir et blanc, à qui le succès a tourné le dos, contraint de se loger dans un appartement sordide, faiblement éclairé par une enseigne clignotante dans l'épisode *Beware the Gray Ghost* (S1E18). On peut encore citer l'épisode *The Clock King* (E25S1) où un personnage à la rigueur pourtant extrême est poussé dans la marginalité suite à une faillite.

Le titre en anglais de l'épisode *If You're So Smart, Why Aren't You Rich ?* – « Si tu es si intelligent, pourquoi n'es-tu pas riche ? » (S1E40) qui met en scène le Sphinx, renvoie en ce sens à une hiérarchie sociale uniquement basée sur la richesse, où l'intelligence n'est rien si elle ne se transforme pas en brevets ou innovations.

Même le personnage du Pingouin, incarnation physique d'un capitalisme de la fin du XIXe siècle et du début du XXe, avec son chapeau haut de forme, son monocle, sa redingote et son porte-cigarette, se voit socialement relégué à sa sortie de prison, dans l'épisode *Birds of a Feather* (S1E47). Plus que la richesse, c'est la culture des élites et l'entre-soi qui confinent le personnage au ridicule, tant dans des grands restaurants, qu'à l'opéra ou dans les cocktails, où ses manières écœurent toute la bonne société. L'épisode livre en conclusion une critique totalement explicite par la voix du Pingouin : « *Society is to blame* » – « la société est à blâmer ». Le capitalisme et la ségrégation socio-spatiale apparaissent comme générateurs de la délinquance, anticipant ainsi la thèse reprise dans le multi récompensé *Joker* de Todd Phillips (2019).

La série offre toutefois une vision nuancée de cette théorie avec l'épisode *Trial* (E68S1) qui renverse les codes. Après avoir été accusé par la nouvelle procureure d'être une des causes de la criminalité, Batman affronte ensuite une allégorie de la Justice qu'il met littéralement à terre, avant de se retrouver lui-même accusé au sein d'un tribunal. Tout à la fois instrument de la justice et moteur générateur de la criminalité, Batman se fait l'incarnation d'un système américain ségrégué tant spatialement que socialement.

BATMAN OU LE MAD MASQUE
Esthétique de la solitude urbaine

Batman arpente les ruines du projet urbain de son père. Bruce Wayne vit en retrait, dans un espace péri-urbain. C'est dans cette dialectique entre un moine anachorète et un urbexeur masqué que se joue l'urbanité de Gotham.

À l'instar du Los Angeles de *Mad Max*, ville de l'extrême occident où l'étalement confine à l'effondrement – la ville est limitée dans son expansion par le Pacifique, les montagnes et le désert –, la peur demeure le moteur des dynamiques urbaines. Malgré cet espace contraint, la ville continue sa fuite en avant, consciente que son déploiement entraînera sa ruine. C'est le même moteur qui tourne à Gotham. La fuite des habitants – toujours présentés comme subissant la violence urbaine – entraîne une déprise encore plus forte du centre qui, *ipso facto*, devient un espace sans contrôle.

Il n'est pas surprenant de voir ainsi se multiplier les vues en contre-plongée. Car toujours Batman descend dans cette urbanité en crise comme on se jette dans l'abîme. Le signal suit une trajectoire inverse, vers le haut, le lointain, l'horizon, ce territoire dans lequel on imagine que vit celui qui se cache sous le masque du Batman. C'est l'axiome classique de l'éloignement : la distance a valeur de refuge. Mais cette fuite alimente le déclin du centre. L'étalement urbain peut être vu comme la cause et la conséquence de la ruine de Gotham.

Le modèle concentrique de Burgess rejoint à Gotham la vision de Dante. Les cercles de l'enfer urbain se déploient mais dans un espace contraint par le fleuve (Gotham river) et son présumé estuaire au sud-est. Les ponts et les les tunnels (▬▬▬) figurent à la fois les continuités et les ruptures. Ils favorisent la fuite, la déprise, et l'étalement urbain (➜) Le moteur n'est plus ici l'économie comme dans le Chicago des années 1920 mais la peur. Les cercles ont une dynamique inverse. La ville n'enfle pas parce qu'elle attire mais parce qu'elle rejette. Old Gotham n'est plus qu'un point de la cible, et s'il conserve sa centralité c'est comme hyper lieu de la violence (Crime Alley). Les lieux de relégation (▲) sont eux-mêmes reliés par les ponts et les tunnels, insularités urbaines dans une métropole archipel. Le Manoir (★) et la Tour Wayne expriment le repli quand le signal, lancé du siège de la police appelle à l'aide au-delà des limites de la ville.

Fɪɢ. 1 – Batman contre Burgess.

Le modèle de Burgess, fondé sur l'étude de Chicago a montré l'importance de l'économie dans la modification des formes urbaines. Mike Davis, géographe américain attentif aux questions psycho-sociales, a mis en évidence qu'il existait à Los Angeles une autre force motrice, la peur. À Gotham, dans laquelle on entre par une vue de la banque, les enjeux économiques et psychologiques se croisent. La famille Wayne, toujours définie par sa richesse figure un motif récurrent, économique donc, mais l'assassinat fondateur a une traduction urbaine. Le danger est partout dans la ville et, pour sa propre sécurité, Batman doit s'en

Tout à la fois synthèse des esthétiques noires du XXᵉ siècle, reflet des peurs urbaines américaines du début des années 90, et matrice à venir pour la diversité des productions autour du *Caped crusader*, de la série *Gotham* à la trilogie de Christopher Nolan, la série *Batman* marque un point d'étape au sein des séries animées. Embrassant une diversité de thématiques adultes, de la surveillance urbaine, aux racines sociales de la délinquance, de la gentrification à l'essor des *shrinking cities*, elle parvient néanmoins à les condenser sous une forme simple et accessible, à l'esthétique directement reconnaissable. Dystopie du passé qui éclaire l'avenir, la vision urbaine développée dans la série est plus qu'un décor, elle a influencé une génération de spectateurs et porte en elle les grandes fractures de la ville contemporaine.

David NEUMAN et Fabien VERGEZ

« *GUYS, WHERE ARE WE?* »

Trouver son chemin sur l'île de *Lost*

Au terme de l'épisode *Pilot, Part 2* (S01E02), quelques rescapés atteignent enfin les hauteurs de l'île tropicale sur laquelle s'est écrasé le vol commercial Oceanic 815. Utilisant un émetteur-récepteur trouvé à bord de l'avion, Sayid pense contacter les secours mais c'est la voix d'une française, échouée sur l'île depuis 16 ans, qui tourne en boucle. L'inquiétude gagne le groupe :

> BOONE. – *Someone else? Was stranded here?*
> KATE. – *Maybe they came for them.*
> SAWYER. – *If someone came, why is it still playing?*
> CHARLIE. – *Guys. Where are we?*

C'est sur le regard inquiet de Kate que l'épisode coupe au noir et que s'affiche le titre de la série *Lost*, scellant ainsi un épisode pilote en forme d'ode au mystère, aux faux-semblants et à la magie d'une robinsonnade qui sera mille fois subvertie. Créé par J.J. Abrams et Damon Lindelof[1], le programme a été diffusé sur ABC de 2004 à 2010, suscitant un vif enthousiasme doublé bien vite de critiques polarisées, en même temps qu'il a incarné une nouvelle étape dans la montée en complexité narrative[2] des séries télévisées contemporaines. C'est en effet l'équivalent d'une descente dans le terrier du lapin blanc d'*Alice au pays des merveilles* que *Lost* propose pendant six ans à son public : confrontés à la présence d'un « monstre » de fumée noire et d'autochtones aux

---

1 D'après un script original, refusé par ABC, de Jeffrey Lieber, qui se trouve lui aussi crédité comme créateur, mais n'a eu aucun rôle à jouer dans la reformulation du pilote par Abrams et Lindelof.

2 Au sens de Jason Mittell, c'est-à-dire, notamment, des séries alliant les veines épisodiques et feuilletonnantes pour proposer des épisodes qui possèdent leur indépendance tout en étant insérés dans un mouvement narratif plus large. Voir Jason Mittell, *Complex TV : The Poetics of Contemporary Television Storytelling*, New York, Londres, New York University Press, 2015.

nombreux visages – les Autres –, les rescapés comprennent vite que l'île renferme de nombreuses énigmes, en même temps qu'elle les pousse à se questionner sur leur propre identité et leur propre biographie. Avant de pouvoir quitter l'île, Jack, Kate, Sayid, Sawyer, Juliet, Desmond et les nombreux personnages de cette série chorale devront comprendre l'île autant que le sens de leur vie.

L'*orientation*, qui d'ailleurs titre les vidéos des étranges stations scientifiques DHARMA[3], est la clé pour ces personnages littéralement, et symboliquement, *perdus*. Elle l'est aussi pour le public qui doit s'orienter dans le récit, et qui, durant la diffusion initiale, a longtemps été influencé par une lecture téléologique : non contents de prétendre savoir où ils allaient, les *showrunners* Damon Lindelof et Carlton Cuse ont négocié une date de fin avec ABC au terme de la troisième saison de la série, lui accordant trois années supplémentaires, pas une de plus. Cette lecture orientée, « orientante », qui fait dès ses premiers épisodes la promesse d'un dénouement (Favard, 2019), se voit dans le même temps contrebalancée par une volonté de perdre le public autant que les personnages avec une *intrigue macroscopique* – c'est-à-dire, à l'échelle de la série – comprenant de nombreux tiroirs, culs-de-sac et autres rebondissements. Comme l'explique Sarah Hatchuel, « le suspense n'est pas de savoir si les personnages arriveront jusqu'au moment clé, mais *comment* ils y arriveront » (Hatchuel, 2013, p. 14) ; ainsi « le déplacement, fuite ou quête, semble plus important que la destination » (*ibid.*, p. 16). Dans cette forme progressive, ouverte et palimpsestique qu'est la série télévisée, *Lost* a déployé une esthétique du détour, de l'imprévisible et de la sinuosité, invitant personnages et spectateurs à parcourir un vaste labyrinthe dans l'espoir d'y trouver une réponse.

Au croisement de la narratologie et des études de l'urbain (notamment de la sociologie et de la géographie), il s'agira ici d'étudier la façon dont la mobilité des personnages au sein des multiples espaces du monde fictionnel manifeste leur quête de sens[4]. Comme l'expliquent Françoise

---

3   Chaque station scientifique possède un petit film de présentation qui permet aux personnages comme au public d'avoir un rapide aperçu de la fonction d'une station. De manière ironique, ces vidéos intitulées « Orientation » sont souvent confuses, parfois elliptiques, et amènent ainsi plus de questions que de réponses.

4   Cet article s'inscrit dans le prolongement d'autres publications où nous avons cherché à lier étude de l'espace urbain et déploiement de la narration sérielle au gré de thématiques diverses : Julie Ambal et Florent Favard, « Where the physical world meets the digital

Dureau et Marie-Antoinette Hily, « parler de mobilité, c'est d'abord interroger les déplacements dans l'espace, mais aussi les facilités dont ils jouissent ou à l'inverse les freins qui les entravent. Interroger la mobilité, c'est aussi considérer les transformations sociales qu'elle produit et les nouvelles formes de socialisation qu'elle peut établir. » (2009, p. 13). Suivant le mouvement initié par les théoriciens des mondes possibles, nous explorerons les modalités – les lois naturelles et les normes sociales notamment – de ce monde fictionnel (Doležel, 1998) afin de souligner cet aspect encore trop négligé qu'est l'espace dans la narration, aspect pourtant particulièrement utile « pour les récits à mystère ou de *fantasy* » (Ryan, 2007, p. 20).

Cet article explorera la mobilité des personnages au travers de trois schèmes distincts : la subversion du modèle de la robinsonnade, la transgression des frontières et l'ambivalence entre mouvements centripètes et centrifuges. Nous espérons ainsi mieux montrer comment des spécificités du monde fictionnel et de son exploration participent du chemin tortueux suivi par l'intrigue de la série.

SUBVERTIR LE MODÈLE DE LA ROBINSONNADE

Le concept original de la série, basé sur l'émission de télé-réalité *Survivor* (diffusée, dans sa version états-unienne, depuis 2000 sur CBS), évoque une robinsonnade remise au goût du jour : ce n'est plus le *Robinson Crusoé* solitaire de Daniel Defoe (1719) mais tout un groupe de rescapés d'un crash d'avion qui se retrouve sur une île tropicale en apparence déserte, sans secours à l'horizon. *Lost* se distingue en ce qu'elle s'éloigne du schéma « classique » du retour à la civilisation : quitter l'île

world : representations of power structures and cyberspace in television series set in New York », *TV/Series*, n° 18, 2020, URL : http://journals.openedition.org/tvseries/4623 ; Julie Ambal et Florent Favard, « Comment et pourquoi interroger l'urbain dans la fiction : l'exemple des séries télévisées », in Dure, Christophe (dir.) *Interroger la représentation de l'habiter urbain dans la fiction contemporaine*, Montréal, Lévesque Éditeur. Publication prévue pour fin 2022 ; Julie Ambal et Florent Favard, « Une ville dans les étoiles : lieux de vie en mouvement(s) dans la série *Battlestar Galactica* », in André, Danièle (dir.), *Lieux de vie en science-fiction*, Paris, Éditions BoD, 2021, p. 193-207.

s'avère bientôt ne pas être l'objectif principal de plusieurs protagonistes ; de plus, l'île est loin d'être déserte, habitée depuis des millénaires par diverses factions, dont la plus remarquable, les Autres, fournit en premier lieu les antagonistes du récit. Plus encore, la série ne cesse de faire des allers-retours narratifs entre l'île et le reste du monde, via des *flashbacks*, puis des *flashforwards* (vers le futur) dès la fin de sa saison 3, voire même des « *flashsideways* », des passages entièrement focalisés sur une réalité alternative au fil de la sixième saison[5]. Ces va-et-vient temporels, qui peuvent uniquement concerner l'île mais s'étendent très souvent aux quatre coins du globe (avec une focalisation, toutefois, sur les États-Unis), montrent d'où viennent, où vont et où pourraient être les protagonistes, insistant ainsi sur leur quête identitaire, leur « quête d'un paradis perdu » (Hatchuel, 2013, p. 16).

Si la série est « tenue génériquement de proposer un récit de retour, ou de tentatives de retour », elle va aussi donner à voir des voyages de retours vers l'île (*Ibid.*, p. 13). Au-delà d'une mobilité purement géographique, d'un mouvement de va-et-vient répété entre l'île et le reste du monde que l'on pourrait reporter sur une carte, ces allers et retours répétés cachent des motifs variés. Ainsi, les rescapés parvenus à quitter l'île en fin de saison 4 – les *Oceanic Six* ainsi que les nomme la presse – se sentent pour la plupart dans l'obligation de revenir sur l'île par sentiment d'inachevé, ou pour tenir une promesse : si Jack n'a jamais été aussi perdu que lorsqu'il retrouve la civilisation, et revient sur l'île dans l'espoir de trouver un sens à sa vie, Kate y retourne pour sauver Claire, la mère du petit Aaron. Benjamin Linus et Charles Widmore, deux anciens leaders des Autres, exilés, tentent chacun de revenir sur l'île pour retrouver leur position au sein de la hiérarchie des autochtones – et par-là même, prendre leur revanche l'un sur l'autre. Desmond Hume, un personnage arrivé sur l'île en bateau, plusieurs années avant le crash du vol Oceanic 815, incarne la figure classique du marin échoué, mais aussi d'Ulysse cherchant à retrouver – c'est aussi son nom dans la série – la femme de sa vie, Pénélope. Il compte parmi les rares personnages à vouloir véritablement quitter l'île sans idée de retour, mais s'y retrouve ramené contre son gré par Charles Widmore en saison 6.

---

5   Le reste de cet article devra révéler des éléments-clés de l'intrigue macroscopique de la série.

À la tête de ce noyau central qu'est l'île, on trouve deux entités surnaturelles, Jacob et son frère l'Homme en noir, qui incarnent deux extrêmes en termes de mobilité. Jacob possède la particularité de pouvoir quitter l'île à sa guise sans que son mode de déplacement ne soit jamais explicité, accentuant son ubiquité d'envergure divine ; pourtant, il y revient toujours, animé par un sens du devoir, car il est son gardien. À l'opposé, l'Homme en noir est prisonnier sur l'île, et son seul but est de la quitter pour de bon, en la détruisant ; c'est son désir de « rentrer à la maison », de traverser l'océan pour retrouver la terre d'origine de leur mère naufragée deux millénaires plus tôt, qui va provoquer son conflit avec Jacob et précipiter les événements narrés par la série. Jacob voyage à travers le monde (pour recruter la personne qui lui succédera) dans le seul but d'empêcher l'Homme en noir de quitter l'île. Dans *Lost*, le pouvoir des entités qui dominent la narration est tout entier articulé autour de leur motilité (Kaufmann, 2007), leur aptitude à se mouvoir.

Ces allers-retours sont démultipliés de façon fractale par la série qui, contrainte par son format, joue de sa répétitivité : les personnages ne cessent de faire des va-et-vient entre plusieurs points de l'île. Ces déplacements s'apparentent à une mobilité très quotidienne (Lévy, 2009, p. 108), pendulaire, une mobilité qui permet d'aller de l'habitation au lieu de travail, d'aller faire ses courses, etc. Une mobilité habituellement perçue d'une façon individuelle. Ici les personnages se déplacent pour trouver de la nourriture, un abri, de l'aide, plus souvent en groupe que seuls, et sont motivés dans leurs déplacements par leurs aventures qui gagnent toutefois en monotonie jusqu'à prendre la texture du quotidien. Les déplacements des personnages à travers l'île mystérieuse deviennent parfois aussi anodins que les déplacements du lieu de vie au lieu de travail dans des séries centrées sur des communautés professionnelles, à la différence qu'ici, le voyage, le *trek*, a autant d'importance que la destination. La série sait se montrer réflexive envers cette obsession du « retour à », comme lorsque dans l'épisode *LaFleur* (S05E08), le personnage de Miles interpelle ses camarades :

> SAWYER. – *Okay. Swell. Until Dan checks back in, I say we head back to the beach. When Locke gets back with everybody, that's where they'll be looking for us.*
> MILES. – *The beach? What, you didn't get enough flaming arrows shot at you? And your camp is gone. Why bother?*

> JULIET. – *Sawyer's right, Miles. We should go back to the beach. We survived there before. We can do it again.*
> MILES. – *Or maybe when we get there, you'll--you'll wanna go back to the Orchid again. And then when that gets boring, we can head back to the beach. It's the only two plans you people have.*

Il faut noter que certains personnages arrivent au terme de leur quête au fil du récit, et parviennent à s'extraire de cette logique circulaire : ils deviennent alors « immobiles ». Ainsi Rose et Bernard, couple de rescapés quinquagénaires, choisissent de s'établir définitivement sur l'île pour que Rose, atteinte d'un cancer, bénéficie des propriétés curatives du lieu. Ces personnages se placent ainsi en retrait des protagonistes, refusant de les suivre dans leurs nombreuses aventures.

Contrairement à Robinson Crusoé, les rescapés ne sont pas limités, au fil de leurs voyages, au seul usage de la marche, puisqu'ils ont rapidement accès à une grande variété de moyens de transport : voilier, canot à moteur, hélicoptère, minivan, voire sous-marin. On trouve ici la marque d'une hybridité générique. L'île n'est pas l'espace sauvage qu'elle paraît être, et garde les traces de l'influence de nombreuses civilisations : des Égyptiens aux Romains, jusqu'aux équipes scientifiques de l'Initiative DHARMA venues mener des expériences sur place dans les années 1970. Se côtoient donc un ancien temple de forme pyramidale, un phare vieux de plusieurs siècles, et les stations de recherche à l'esthétique rétro. Les scientifiques de la DHARMA ont organisé l'île en suivant des codes urbains : elle se retrouve équipée de routes de terre, d'embarcadères et même d'une piste d'atterrissage. Les Autres, qui ont exterminé les membres de la DHARMA, ont investi leurs baraquements, qui évoquent le pavillonnaire américain des années 1960-1970.

Cette référence évoque deux modèles : le premier est marqué par l'organisation des maisons dans un espace collectif partagé, ouvert autour des habitations, qui affichent des perrons en bois avec terrasses attenantes très spécifiques des maisons américaines du XXᵉ siècle. Le public américain retrouve un schéma très familier de l'habitat en communauté de même classe sociale, qui diffère du modèle français de plus en plus hétérogène. C'est tout le sel de la scène d'ouverture de la saison 3 que de nous laisser à croire que les personnages que nous découvrons vivent sur le continent nord-américain (on assiste même à une séance de club de lecture autour des œuvres de Stephen King) avant que, secouée par ce qui semble être un tremblement de terre, la communauté ne se retrouve dehors, levant les yeux aux ciel pour découvrir l'Oceanic 815 en chute libre, et qu'une succession de plans de plus en plus larges ne révèlent la localisation de ces résidences en plein milieu de la jungle de l'île.

On peut aussi y voir un autre modèle au travers de l'usage que les habitants ont de ces espaces : les baraquements évoquent une base militaire. Ce sont des maisons présentes sur la « base », donc protégées par ses clôtures (ici, la barrière sonique qui retient le monstre de fumée noire) ; les habitants se connaissent et partagent des moments de leur journée ; mais à tout moment, une alarme peut sonner, chaque habitant sait quoi faire, possède des armes, a un poste de « combat », et toute la communauté devient une armée prête à se défendre. On retrouve ici les accents de Guerre Froide repérés par plusieurs critiques, un sous-texte face auquel l'historien des médias Aris Mousoutzanis conserve toutefois beaucoup de réserves : il ne s'agit pas d'une nostalgie régressive, car l'utopie de la DHARMA est vite montrée sous son plus mauvais jour, et la division manichéenne entre les rescapés et les Autres vole en éclats au fil de leurs confrontations et déplacements (2011, p. 55). Durant la saison 4, après que les Autres ont fui les baraquements, c'est le groupe de Locke qui investit ce lieu, devenant en quelque sorte « les Autres » pour le nouveau groupe d'arrivants du cargo de Charles Widmore.

Les rescapés du crash d'avion, les principaux protagonistes, n'accèdent toutefois pas si vite au confort des baraquements, mais s'organisent de façon similaire avec les moyens du bord. Leur campement de fortune est composé de tentes individuelles mais aussi de lieux collectifs comme un foyer, un cimetière, un potager, et même un lieu de culte, en l'occurrence une église. L'installation et donc la sédentarisation marque une élévation du statut des rescapés par rapport à un mode de vie nomade perçu par la société occidentale comme celui des classes sociales pauvres, celui des migrants étant le plus représentatif. C'est une fois installés dans un lieu de vie aussi confortable que possible, que leurs priorités évoluent, et leurs déplacements avec : les rescapés sont plus à même d'aller explorer les confins de l'île, alimentant le récit en dévoilant de nouvelles zones du monde fictionnel après que le déséquilibre représenté par leur situation précaire soit rangé au second plan. Ainsi, peu à peu, les protagonistes – celles et ceux qui sont principalement définis par l'amplitude de leurs déplacements[6] – vont empiéter sur le territoire des Autres, qui ne vont pas manquer de le leur reprocher.

LA TRANSGRESSION DES FRONTIÈRES

C'est dans *The Hunting Party* (S02E11) que Tom, l'un des Autres, interdit explicitement aux rescapés de s'aventurer trop loin.

> TOM. – *Tell me, you go over a man's house for the first time, do you take off your shoes? Do you put your feet up on his coffee table? Do you walk in the kitchen, eat food that doesn't belong to you? Open the door to rooms you got no business opening? You know, somebody a whole lot smarter than anybody here once said: "Since the dawn of our species man's been blessed with curiosity." You know the other one about curiosity don't you, Jack? This is not your island. This is our island. And the only reason you're living on it is because we let you live on it.*
> JACK. – *I don't believe you.*
> [...]
> TOM. – *Right here, there's a line. You cross that line, we go from misunderstanding to something else. Now, give me your weapons, turn around, go home.*

Les rescapés et les Autres possèdent des territoires organisés de façon similaire, autour de plusieurs pôles entre lesquels chacun peut évoluer dans une sécurité relative. Les rescapés usent ainsi des cavernes, puis de la Station Cygne, en plus du campement sur la plage, tandis que les Autres se terrent dans les baraquements ou le temple, tous deux cernés par des barrières à même de retenir le monstre. Les rescapés sont à peine protégés par l'espace plus liminal et flou qu'est la jungle autour des pôles de leur territoire, facilitant ainsi les intrusions par les Autres, par la naufragée Danielle Rousseau ou encore par les animaux sauvages de l'île.

Au-delà de ces déplacements polarisés, d'autres s'avèrent plus linéaires, évoquant un mode de vie nomade, souvent provoqué par des situations de fuite ou de poursuite qui brisent la monotonie du mode sédentaire. Mais de façon notable, l'accent est d'abord mis sur les déplacements

---

6   À l'exception de Bernard et Rose qui, comme mentionné plus haut, recherchent l'immobilité, notamment à partir de l'épisode *S.O.S.* (S02E19).

polarisés, avant que les déplacements linéaires ne s'imposent au fil de la
série : on passe du schéma de la réaction et de la prudence (les rescapés
sont attaqués au sein même de leur territoire, hésitent à aller trop loin)
au schéma de l'action, de l'offensive. On passe d'un monde fictionnel
stable à un autre en perpétuel mouvement ; cette évolution coïncide avec
la montée des enjeux que la série connaît entre les trois premières et trois
dernières saisons – entre les deux *mouvements*[7] qui constituent la série. Les
déplacements polarisés semblent alors marquer la prudence des scénaristes
qui n'osent pas avancer trop loin, qui tâtonnent et cherchent à gagner
du temps, lors des trois premières saisons, puis, lorsque la série avance
avec une date de fin verrouillée, l'offensive est là encore scénaristique,
avec une explosion des frontières et des déplacements en ligne droite.

Cependant, cette évolution du polarisé au linéaire n'est pas unidi-
rectionnelle. Les rescapés reviennent dès que possible à un mode de vie
sédentaire (et donc, des déplacements polarisés), à l'image de Sawyer,
Juliet, Miles et Jin : le groupe, propulsé dans les années 1970, infiltre
la DHARMA et passe trois ans dans les baraquements, profitant d'une
vie stable et d'un cadre social, professionnel, intime. Cette stabilité, la
série la montre toujours comme fragile, voire illusoire : ainsi le retour
sur l'île des *Oceanic Six* trouble-t-il la paix retrouvée par le groupe de
Sawyer et renvoie tous les personnages à l'errance. Au-delà du mythe
américain de la Frontière, la série, toujours selon Aris Mousoutzanis,
joue avec l'idée que dans notre monde contemporain, structuré par des
flux internationaux, le sentiment de ne pas être chez soi est devenu
immanent (*op. cit.*, p. 52).

C'est via les déplacements linéaires qu'intervient le plus généralement la transgression des frontières : les personnages ont un objectif
et sont déterminés à l'accomplir. Ainsi le groupe mené par Jack, à la
recherche de Michael, se confronte-t-il aux Autres dans *The Hunting
Party* ; le groupe de Locke traverse la barrière sonique qui entoure les
baraquements pour aller secourir Jack dans *Par Avion*[8] (S03E12) ; et
ainsi de suite. Cette transgression des frontières, ménagée par les premières saisons de la série, exacerbée par les dernières, se démultiplie

---

7   Déterminés par de grands bouleversements intra- ou extradiégétiques (changement de
     showrunner, départ d'un acteur ou d'une actrice, changement de cadre géographique ou
     temporel, etc.).
8   Titre en français dans la version originale.

elle aussi de façon fractale, puisque les protagonistes ne franchissent pas seulement des frontières naturelles (montagnes, cours d'eau, …) ou construites (barrières, murs, …), mais aussi symboliques, tel le mystérieux cercle de cendres autour de la cabane de Jacob, la figure divine de l'île. Desmond, le marin échoué ramené sur l'île contre son gré, va jusqu'à transcender l'espace et le temps de façon répétée, en déplaçant malgré lui sa conscience à travers les époques (*Flashes Before Your Eyes*, S03E08, *The Constant*, S04E05, et *Happily Ever After*, S06E11).

Les frontières sont aussi des obstacles initiatiques pour les personnages qui doivent se dépasser. Elles marquent une progression que certains critiques de la série assimilent aux niveaux d'un jeu vidéo, une progression par étapes qui évoque la structure fondamentale d'un conte ou d'un mythe. Mais le jeu vidéo recèle une autre comparaison qui pourrait être plus adéquate : l'île est couverte, comme la carte de beaucoup de jeux de stratégie, d'un « brouillard de guerre » qui masque les zones encore non explorées. C'est par le déplacement que ses contours se révèlent ; ainsi, dans la dernière saison de la série, Jack et Hurley découvrent-ils un gigantesque phare sur la côte, dans *Lighthouse* (S06E05) :

> HURLEY. – *It's right there. It's a lighthouse.*
> JACK. – *I don't understand. How is it that we've never seen it before?*
> HURLEY. – *Guess we weren't lookin for it.*

Hurley, qui a toujours été un personnage véhiculant la réflexivité de la série, explique ici sans le vouloir le principe du brouillard de guerre : pour peu qu'ils n'aient jamais longé cette portion de la côte, le phare leur était tout bonnement invisible, n'apparaissant que lorsque… le scénario le demande. Les frontières fonctionnent ainsi comme des repères pour mieux marquer l'évolution de l'intrigue macroscopique et la montée des enjeux. Elles servent aussi, de façon plus symbolique, à sans cesse redéfinir les catégories qui permettent de délimiter un monde fictionnel où tout n'est pas blanc ou noir, où ce qui sépare « nous » et « eux » n'est plus si évident (Mousoutzanis, 2011, p. 55) – perpétuant ainsi le projet de la série de questionner les idéologies binaires (Hatchuel, *op. cit.*, p. 84 et suivantes). De même, elles participent à l'hybridité générique de la série : des espaces autrefois interdits révèlent des bâtiments, des monuments, qui renvoient successivement à la science-fiction (les stations scientifiques) puis à la *fantasy* (le Temple, la statue sous laquelle vit Jacob).

Cette transgression des frontières ne s'arrête pas là, puisque le récit lui-même brise ses limites. Transmédiatique, il s'étend de manière centrifuge[9] sur de nombreux supports : *Alternate Reality Games* (jeux de piste prenant place principalement sur internet), romans, jeu vidéo... Le premier des ARGs, *The Lost Experience*, mené durant l'été 2006, met en scène le personnage de Persephone, *alias* Rachel Blake, une hackeuse déterminée à révéler les sombres manigances des conglomérats du monde fictionnel de *Lost* ; or Blake a interpellé les scénaristes durant un panel de la convention San Diego Comic Con 2006, les accusant de participer à la conspiration en tronquant les faits présentés... dans la série *Lost*. Cette expansion explosive du monde fictionnel a polarisé la réception de la série, les informations révélées par les contenus transmédiatiques s'avérant parfois incohérentes ou inutiles au regard de la compréhension de l'intrigue de la série : une fois le brouillard de guerre levé, les fans « médecins légistes » (Mittell, 2009) décortiquant le monde fictionnel n'en possédaient pas pour autant une carte plus claire. Pourtant, si *Lost* a semblé éparpiller son public, le confronter à des rebondissements défamiliarisants, c'est d'abord pour mieux déployer une esthétique du détour.

SE PERDRE POUR MIEUX SE RETROUVER

Au-delà de la subversion de la robinsonnade et de la constante transgression des frontières, la série *Lost*, non contente de proposer des fausses pistes au public, exploite ses composantes centrifuges de manière réflexive en faisant se perdre et se disperser les personnages, pour mieux les pousser à se trouver et se retrouver dans un mouvement centripète. En témoigne l'orientation sur l'île, rendue extrêmement complexe. Les personnages usent de réflexes familiers, tentant de se repérer en fonction des points cardinaux ou de points de repères spécifiques. Mais la série établit dès sa première saison que les boussoles sont perturbées sur l'île – forçant les protagonistes à surveiller le soleil. Durant la

---

9   C'est-à-dire qu'il densifie le monde fictionnel et disperse le public, au contraire de stratégies transmédiatiques plus centripètes qui interrogent l'œuvre en « circuit fermé ». Voir Jason Mittell, *op. cit.*, p. 304, 311, 314-317.

saison 5, le groupe mené par Sawyer et Locke se retrouve piégé dans une série de bonds temporels, et peine à retrouver les bâtiments lorsqu'ils ne sont pas encore construits. Les protagonistes doivent alors ajouter à leur carte mentale de l'île une quatrième dimension pour trouver leur chemin. D'autres personnages sont en revanche capable de s'orienter en usant de l'art de la traque : s'ils sont souvent ceux qui poursuivent, ils sont aussi ceux qui, en un sens, cherchent à fuir, à l'image de Kate la fugitive, Sawyer le criminel, ou encore Locke qui veut échapper au poids de l'image du père.

Les cartes de l'île, analysées par les fans « médecins légistes », sont toujours partielles et partiales, reflétant les besoins de leur auteur : la carte approximative de la naufragée Rousseau, celle de la station Cygne listant les stations DHARMA, ou encore la carte à l'échelle imprécise que Benjamin Linus donne à Ana-Lucia pour retrouver son prétendu ballon dans *The Whole Truth* (S02E16). L'île n'étant jamais vue du ciel dans son ensemble, elle est aussi parcellaire que le sont les lieux de tournage variés que l'équipe de production a employé à Hawaii. On trouve des cartes créées par les fans – qui font partie des « paratextes d'orientation » au sens de Mittell (*op. cit.*, p. 266) – mais elles restent sujettes à caution, car contrairement à un puzzle, jamais la série ne montre l'image à reconstituer sur la boîte – une démarche qui vaut pour la structure géographique du monde fictionnel mais aussi pour le récit dans son ensemble, pétri d'incomplétudes qui se manifestent comme telles sans jamais être comblées. Quant aux vidéos dites « d'orientation » censées expliciter le fonctionnement des stations DHARMA, elles ne font que rester évasives, se contredire, voire se rembobiner automatiquement avant d'arriver à une quelconque réponse.

L'orientation dans le récit n'est guère plus aisée pour les spectateurs, qui doivent régulièrement deviner « quand » et parfois « où » se situe tel ou tel *flashback*. Les saisons 4 et 5, qui gagnent en complexité, proposent quelques cartons et intertitres pour localiser géographiquement et temporellement les personnages ; mais cet effort peut paraître contradictoire avec la volonté affichée de la série de perdre son public en semant le doute sur le « où » et le « quand » des scènes d'introduction de nombreux épisodes. Ainsi le tas de fruits qui ouvre la saison 4 paraît-il être sur une des plages de l'île, jusqu'à ce qu'un véhicule le percute, et qu'un plan large ne révèle qu'il se trouvait devant un panneau publicitaire en plein Los Angeles (*The Beginning of the End*, S04E01) ; l'ouverture de *The Other Woman* (S04E06) laisse à croire que Juliet est l'une des *Oceanic Six* ayant quitté l'île, avant que la scène ne se présente explicitement comme un flashback montrant en réalité son arrivée sur l'île. La série ne laisse pas le public s'habituer à des normes trop rigides lorsqu'il s'agit de sa capacité à s'orienter dans le récit : elle invite à se perdre pour mieux se retrouver, une philosophie notamment portée, dans le récit lui-même, par le personnage de Locke. Lorsque Sun perd son alliance et, verte de rage, ravage son potager, Locke vient la consoler dans ...*And Found* (S02E05) :

> SUN. – *Did you see me?*
> LOCKE. – *Rip apart your garden? No. Sometimes I wish I had a garden to tear apart.*
> SUN. – *I don't think I have ever seen you angry.*
> LOCKE. – *Oh, I used to get angry all the time. Frustrated too.*
> SUN. – *You are not frustrated anymore?*
> LOCKE. – *I'm not lost anymore.*
> SUN. – *How did you do that?*
> LOCKE. – *Same way anything lost gets found – I stopped looking.*

Cette ambivalence entre le centrifuge, la dispersion, et le centripète, le rassemblement, se retrouve aussi au sein du réseau de personnages, à l'échelle de leurs mobilités sociale et identitaire. Si Jack valorise la vie en communauté, Sawyer privilégie le chacun pour soi, l'individualisme. Ces deux philosophies s'entremêlent et se questionnent à mesure que les personnages changent de camp ou font cavalier seul : le réseau choral de la série ne cesse de s'entre-déchirer et de se recomposer de façon cyclique.

D'autres protagonistes comme John Locke sont suspendus entre mobilité et immobilité : paraplégique, Locke retrouve l'usage de ses jambes une fois sur l'île et se met en tête de l'explorer. Mais par trois fois, en saisons 1, 3 et 5, il perd temporairement l'usage de ses jambes, des moments qui coïncident toujours avec une perte de foi ou une impasse dans sa quête de vérité. Sa paraplégie est ainsi utilisée, de façon quelque peu grossière, pour symboliser son incapacité à dépasser les doutes et la rancœur qui nourrissent sa biographie et l'empêchent d'avancer, dans tous les sens du terme.

Enfin, d'autres personnages se lancent dans des mouvements centrifuges mais se retrouvent prisonniers d'une force centripète, celle de l'île : ils effectuent alors une boucle tragique, à l'image de Daniel Faraday qui, une fois dans le passé, pense pouvoir empêcher le crash, mais se retrouve tué d'une balle dans le dos par sa propre mère, alors enceinte de lui. Ou encore, de Michael, qui tue deux rescapées pour libérer son fils et quitter l'île, et qui, pétri de remords, est physiquement incapable de se suicider tant que l'île n'aura pas obtenu de lui ce qu'elle attend : il devra lui aussi y retourner pour accomplir son destin.

C'est que l'île est traitée par la série comme une entité fluide et insaisissable, capable de se mouvoir à travers l'espace et le temps – elle quitte son emplacement en fin de saison 4. Preuve en est que la seule carte capable de la repérer sur le globe est une carte mouvante, actionnée par un pendule, donnant des positions probables et changeantes plutôt qu'une position fixe et définitive. Ce lieu en déplacement rassemble dans le même temps tous les personnages, agissant comme un nexus, un cœur narratif – un lieu transcendantal (Garcia, 2015, p. 106) qui manifeste les connexions déjà présentes entre les personnages, qui toutes et tous se révèlent avoir été sur des trajectoires de collision des années avant le crash, se croisant sans se connaître encore. Ainsi que ne cesse de le répéter Locke, l'arrivée des rescapés sur l'île n'est pas fortuite, mais destinée : l'île est à la fois un pôle géographique mais aussi biographique qui permettra aux personnages de se retrouver, enfin, au terme de la série. Explorant l'île en spirale, les personnages atteignent enfin son mystérieux cœur à la fin de la série, en même temps qu'ils dévoilent leur propre cœur, leur propre destinée, leur véritable nature.

En détournant les codes génériques de la robinsonnade, en transgressant toutes les frontières pour mieux brouiller les pistes et nous inviter à nous perdre, *Lost* met au défi la lecture téléologique structurée par les questions majeures du récit. Elle entraîne personnages et public dans un « *walkabout* », un *trek* à la découverte de soi-même, à l'image de celui que comptait effectuer le personnage de John Locke avant le crash : la série pousse personnages et public à se perdre pour mieux les amener à leur propre rencontre. Preuve en est qu'au terme de ses 121 épisodes, *Lost* termine son détour labyrinthique en esquivant toute réponse définitive, et surtout tout arrêt du parcours. Les personnages, enfin rassemblés, accomplis, sont propulsés vers une nouvelle étape de leur voyage, vers une destination inconnue laissée à la libre imagination du public.

L'île de *Lost* incarne ainsi toute la contradiction d'une série télévisée – forme imprévisible par excellence – ayant fait à ses spectateurs la promesse d'un dénouement, d'une résolution des énigmes et d'un départ de l'île. Un départ à la fois géographique et métaphysique qui conclut les derniers plans de l'œuvre, et *noue* enfin les trajectoires dispersées, parfois confuses, volontairement évasives, des personnages, en même temps que se *dénoue* l'intrigue macroscopique. Lieu de possibles, lieu de mystère, lieu d'errances et lieu de destination, l'île de *Lost* a pleinement incarné la complexité narrative de la série, et à son image, n'a pas encore aujourd'hui révélé tous ses secrets…

Julie AMBAL et Florent FAVARD

BIBLIOGRAPHIE

DOLEŽEL, Lubomír, *Heterocosmica : Fiction and Possible Worlds*, Baltimore, Londres, John Hopkins University Press, 1998.

DUREAU, Françoise, HILY, Marie-Antoinette, (dir.), *Les mondes de la mobilité*, Rennes, PUR, 2009.

FAVARD, Florent, *Écrire une série TV : La Promesse d'un dénouement*, Tours, Presses Universitaires François Rabelais, 2019.

GARCIA, Tristan, « Les Séries qui nous quittent, les séries que nous quittons », *TV/Series*, n° 7, juin 2015, p. 103-114.

HATCHUEL, Sarah, *Lost, fiction vitale*, Paris, PUF, 2013.

KAUFMANN, Vincent, « La motilité : une notion clé pour revisiter l'urbain ? », in Bassand (dir.), *Enjeux de la sociologie urbaine*, 2007, p. 171-188.

LÉVY, Jean-Pierre, « Mobilités urbaines : des pratiques sociales aux évolutions territoriales », *in* Dureau, Françoise, Hily, Marie-Antoinette, (dir.), *Les mondes de la mobilité*, Rennes, PUR, 2009, p. 107-136.

MITTELL, Jason, *Complex TV : The Poetics of Contemporary Television Storytelling*, New York, Londres, New York University Press, 2015.

MITTELL, Jason, « Sites of participation : Wiki fandom and the case of Lostpedia », *Transformative Works and Cultures*, vol. 3, 2009.

MOUSOUTZANIS, Aris, « Determinism, Traumatic Temporality, and Global Interconnectedness », p. 43-58 in Randy Laist (dir.), *Looking for Lost : Critical Essays on the Enigmatic Series*, Jefferson, Londres, McFarland, 2011.

RYAN, Marie-Laure, « Diagramming Narrative », *Semiotica*, vol. 2007, n° 165, juillet 2007, p. 11-40.

THE WALKING DEAD,
UNE GÉOGRAPHIE DE L'APOCALYPSE

The Walking Dead[1], série télévisée d'horreur, suit le personnage de Rick Grimes, adjoint du shérif de King County qui se réveille d'un coma de plusieurs semaines pour découvrir que la population a été ravagée par une épidémie inconnue qui transforme les êtres humains en morts-vivants. Après avoir retrouvé sa famille, Rick devient très vite le leader d'un groupe de rescapés d'Atlanta. Ils sont amenés à devoir survivre dans un monde post-apocalyptique face à des zombies et d'autres groupes de survivants, pour certains plus dangereux encore.

The Walking Dead est une série géographique au sens plein. Elle en porte les stigmates dans son titre même : des morts qui marchent. C'est également une série du déplacement : il faut sans cesse « *keep moving* », comme l'explique Rick à son clan tout au long de la série. Dans les premières séquences, Rick déambule sur son cheval au beau milieu d'une autoroute urbaine comme un cowboy dans le *Far West*. Seul, entouré de voitures, de cars et de trains arrêtés ou accidentés. À l'arrière-plan, loin devant lui, les gratte-ciels d'Atlanta indiquent le point de fuite vers lequel converger. Ce plan est l'archétype du paysage post-apocalyptique où l'image se fait cinématographique tant il y a un élargissement du champ.

Tout au long de la série, les protagonistes effectuent une véritable odyssée à la recherche d'une société idéale et sécurisée. Chaque saison renvoie à un espace particulier : la ville d'Atlanta dans la première saison, la ferme dans la seconde, la Prison et Woodbury dans la troisième et quatrième, le Terminus dans la cinquième et à partir de la sixième saison, Alexandria Safe Zone, la Colline, le Royaume et le Sanctuaire. Et

---

1   Série télévisée américaine, développée par Frank Darabont d'après la bande dessinée du même nom de Robert Kirkman, Tony Moore et Charlie Adlard, diffusée aux États-Unis du 31 octobre 2010 au 30 novembre 2022 sur la chaîne AMC.

dans chaque lieu, le groupe doit se cacher pour se protéger des zombies mais également des survivants. Cette contradiction est au cœur de la fiction sérielle : faut-il rester ou partir ? Faut-il se cacher ou prendre la route ? Mais alors, quelle route emprunter ?

Cette opposition se traduit par deux pôles qui traversent l'ensemble de la série : la menace d'un côté et la tranquillité et la sécurité de l'autre. Les espaces de l'Apocalypse sont également marqués par des oppositions. Ces divergences sont évidemment liées à la question de la catastrophe et de l'« avant/après » qui dépose une trace sur le territoire. La catastrophe laissant derrière elle un monde qui se partage entre zones détruites et zones intactes. L'opposition la plus importante est la question de l'espace de la loi *versus* l'espace sauvage, l'espace sécurisé et contrôlé *versus* l'espace d'insécurité. Mais, cette dichotomie majeure ne doit pas masquer les différentes oppositions qui apparaissent dans *The Walking Dead* comme le sacré et le profane, le privé et le public, le masculin et le féminin, l'ordre social et l'ordre naturel, les sédentaires et les nomades. C'est dire si la catastrophe institue la fracture du monde.

ERRANCE OU ENCERCLEMENT ?

Chercher un refuge pour les siens, trouver à manger, fuir les zones de guerres, quêter la terre promise, quérir de l'aide, échapper aux dangers, explorer des régions inconnues, pourchasser les ennemis sont le quotidien des personnages des fictions apocalyptiques. Se déplacer est donc vital. Le genre apocalyptique se confond avec le *road movie*, le motif de la route y étant central. *La Route*, c'est d'ailleurs le titre du roman phare de Cormac McCarthy, fiction post-apocalyptique sortie en 2006, où un père et son fils errent, poussant un caddie dans la pluie, la neige et le froid, dans un monde hostile, ravagé par une mystérieuse catastrophe et peuplé d'êtres malfaisants[2]. La route est un lieu de transition qui s'appréhende comme un espace de réappropriation de l'espace, comme l'ont fait les pionniers qui découvraient le Far West et les dangers de la *wildlife*. À la manière des cowboys avec leur diligence, les survivants

---

2   McCarthy, Cormac, *La Route*, Paris, Édition de l'Olivier, 2008.

se déplacent en composant des caravanes de voitures afin de rester groupés durant le voyage. Les *highways*, espace typique américain, ont perdu leur fonction d'origine et deviennent des espaces saturés car ils ont été pris d'assaut au moment de la catastrophe comme le racontent deux personnes à Rick, Glenn et Hershel : « D'abord on voulait aller à Washington. J'avais entendu dire que là-bas il y avait un genre de camp de réfugiés. Mais les routes étaient tellement encombrées, on n'a même pas pu s'approcher de la ville[3]. » Les autoroutes se retrouvent donc couvertes de voitures abandonnées qui empêchent de se déplacer.

Dans la séquence qui ouvre la troisième saison, le groupe tente de s'installer dans une maison. Rick, son fils Carl ainsi que deux éclaireurs inspectent méticuleusement la maison à la recherche de rôdeurs. Une fois l'endroit sécurisé, Carl part à la recherche de nourriture. Le reste du groupe s'installe en cercle à même le sol du salon. Des zombies arrivant en direction de la maison, le groupe se lève et se dirige vers les voitures. Le cortège démarre en trombe alors qu'une masse de zombies envahit la maison. La séquence suivante s'ouvre sur ce même cortège qui s'arrête au milieu de la route. Ils regardent une carte et commencent à parler :

> GLENN. – Nous n'avons plus d'endroit où aller.
>
> MAGGIE. – Quand cette horde rejoindra celle-là, on sera encerclé. On ne va jamais arriver à aller au sud.
>
> DARYL. – Tu dirais quoi ?
>
> GLENN. – Il y en avait environ 150 ? Ça c'était la semaine dernière. Leur nombre a pu doubler depuis.
>
> HERSHEL. – La rivière a peut-être pu les ralentir. Si on bouge vite, on peut avoir une chance en passant par là.
>
> T-DOG. – Ouais, mais si ce groupe rejoint celui-là, ils pourraient passer par là.
>
> MAGGIE. – Donc on est bloqué.
>
> RICK. – La seule chose à faire est de retourner sur la 27ᵉ et de tourner vers Greenville.
>
> T-DOG. – Ouais, on a déjà fait ça. C'est comme si on avait passé l'hiver à tourner en rond.
>
> RICK. – Ouais, je sais je sais. À Newnan, on ira à l'ouest. On n'est pas encore passé par là. Nous ne pouvons pas continuer d'aller de maison en maison [il regarde en direction de Lori – enceinte] On a besoin d'un endroit où rester quelques semaines[4].

---

3   « Nebraska », S02E08.
4   « Seed », S03E01.

Le groupe semble piégé sans refuge possible alors qu'un bébé va naître. Pourtant, le spectateur (comme les protagonistes d'ailleurs) se trouve dans l'incapacité à se représenter la topographie de l'espace où évoluent les survivants. L'espace de la série n'est ni praticable, ni figurable, les personnages doivent composer avec des déplacements rhizomatiques et non plus topographiques : « Le rhizome procède par variation, conquête, capture, piqûre. À l'opposé du graphisme, du dessin ou de la photo, à l'opposé des calques, le rhizome se rapporte à une carte qui doit être produite, construite, toujours démontable, connectable, renversable, modifiable, à entrées et sorties multiples, avec ses lignes de fuite[5]. »

Cette notion de rhizome accroît le parallèle entre l'avancée des morts-vivants et celle des survivants : dans les deux cas l'avancée « procède par variation, expansion, conquête, capture, piqûre ». Le groupe de survivants se doit d'éviter non seulement les nombreux rôdeurs mais également les humains qui ont survécu et qui sont souvent hostiles. Comme le résume Abraham : « Derrière la porte A, une montagne de merde, derrière la B, une avalanche de merde. Avec de la chance, ce sont des rôdeurs ou un camion défoncé[6]. » Les routes n'offrent plus la sûreté nécessaire aux déplacements et les rencontres accidentelles imposent que la carte reste toujours « démontable, connectable, renversable, modifiable » et surtout « à entrées et sorties multiples » en cas de repli nécessaire.

L'errance n'est pourtant pas une obligation et pose même des dilemmes. Quand Rick finit par installer son groupe de survivants dans une prison, mais qu'ils se retrouvent menacés par une communauté rivale, dirigée par un certain « Gouverneur », il déclare : « On ne peut pas partir ». Hershel, un ancien fermier qui incarne la figure du patriarche, riposte : « On ne peut pas rester ». Déjà, dans l'épisode précédent, Hershel avait déclaré à propos du Gouverneur : « On ne peut pas rester ici ; qu'est-ce qu'on attend ? S'il est déjà en route, on devrait déjà être parti. » Glenn, son beau-fils, lui répondait : « On ne peut pas s'enfuir », car « on a vécu sur la route tout l'hiver, quand tu avais encore deux jambes et qu'on n'avait pas de bébé pleurant toutes les quatre heures. » Certains survivants du groupe veulent s'enfuir, d'autres veulent « rester ici. [Pour] défendre cet endroit[7]. »

---

5   Deleuze, Gilles et Guattari, Felix, *Mille Plateaux. Capitalisme et schizophrénie 2*, Paris, Les Éditions de Minuit, 1980, p. 32.

6   « Self Help », S05E05.

7   « Home », S03E10.

Pour aller où ? C'est la question que se pose sans cesse les membres du groupe de Rick, tel que Glenn : « Nous n'avons plus d'endroit où aller[8] ». Jusqu'où faut-il aller pour se protéger ? Faut-il aller à Atlanta ? Au CDC[9] ? À Fort Benning[10] ? Les forêts sont infestées de zombies, le CDC est tombé, tout comme les bunkers de l'armée. La prison qui était un havre de paix a été prise d'assaut. Il n'y a pas de répit possible. Et si répit il y a, il faut choisir où s'arrêter, décider quelle destination est la moins risquée entre la ville et la campagne.

Le western, déjà, imposait une vision dichotomique de l'espace, privilégiant deux paysages : d'un côté le paysage naturel, symbole idéologique d'un espace à conquérir, de l'autre la ville comme zone du vice, de la perdition et de la corruption. La ville de *The Walking Dead* est devenue le territoire des morts. Au début de la série, Rick Grimes échappe de justesse aux zombies en trouvant refuge dans un tank. Classique retournement de la question du déplacement : quand on ne peut plus s'échapper, commence alors un siège.

Cette série n'a pas réinventé le genre westernien, mais a trouvé dans ses codes des éléments qui leur permettent de construire des histoires comprises de tous : l'usage de l'espace, l'errance, l'interrogation de là où aller. Alors que Rick et deux de ses compagnons – Daryl, survivaliste qui chasse à l'arbalète, et Michonne, ancienne avocate armée d'un katana – essayent d'échapper aux rôdeurs, ils trouvent refuge dans une cabane. À l'intérieur, ils découvrent un homme endormi qui semble ne pas comprendre la situation et veut sortir pour échapper aux intrus. Cet homme, incohérent, met tout le groupe en danger. En essayant de le retenir, Michonne le tue avec son sabre. Daryl se rend compte que la cabane est encerclée par des zombies : ils ne pourront pas sortir. Il se retourne vers ses deux amis en leur demandant : « Remember the Alamo ? » Michonne et Rick comprennent l'allusion au film *The Alamo* de John Wayne (1960). Tout comme Davy Crockett, incarné par John Wayne, qui se sacrifie en mourant dans *The Alamo*, ils jettent le corps mort de l'homme sur les rôdeurs pour faire diversion et sortir par l'arrière de ce fort retranché. Pas d'explosion comme dans le film : le gros plan sur les zombies dévorant les viscères de la victime fera office de déflagration sidérante.

---

8   « *Seed* », S03E01.
9   Centers for Disease Control and Prevention (Centres pour le contrôle et la prévention des maladies)
10   Base de l'US Army située au sud-ouest de la ville de Columbus (Géorgie).

DÉSIR DE MURS

Dans un monde aux mille dangers, la question de la sécurité devient vitale pour les survivants. Ce désir de sécurité est un fait naturel comme l'explique Hobbes :

> Même dans les villes, où il y a des lois et des peines établies contre les malfaiteurs, les bourgeois ne se mettent point en chemin sans épée, ou sans quelque arme pour se défendre, qu'ils ne se vont point coucher qu'ils n'aient soigneusement fermé, non seulement les verrous de leurs portes, de peur de leurs concitoyens, mais leurs coffres et cabinets, de peur de leurs domestiques[11].

Le contrat social hobbesien montre que dans l'état de nature règne une peur généralisée. De fait, les hommes mettent des verrous sur leurs portes et ferment leurs espaces privés. Cette préoccupation est constante dans la série. Partout, il faut se barricader, se protéger, s'emmurer, dresser des clôtures, des barrières, afin de retenir ceux qui nous veulent du mal. Et parce que le monde extérieur est intégralement dangereux et violent, l'univers des survivants se réduit à un paysage de barbelés, de miradors, de forteresses ou de murs. Il y a alors une modernité de la dimension apocalyptique car la vie humaine s'organise sous la forme du régime concentrationnaire. Le camp devient alors le paradigme de la vie collective[12]. Ces éléments nourrissent l'opposition entre hommes et zombies : les espaces ouverts des morts-vivants s'opposent aux espaces clos des humains. Quand Michonne pense qu'un endroit pourrait être un lieu pour s'installer, elle propose de le barricader :

> On pourrait mettre des portes de garage là où il y a une brèche. Et garer une voiture tout contre jusqu'à ce qu'on puisse refaire un mur[13].

Et tout comme cette fiction apocalyptique, nos sociétés contemporaines se caractérisent par un « désir de murs[14] ». Vingt-cinq ans après la chute

---

11 Hobbes, Thomas, *Le Citoyen*, Paris, GF-Flammarion, 1982, p. 72.
12 Agamben, Giorgio, *Homo sacer – Le Pouvoir souverain et la vie nue*, Paris, Éditions du Seuil, 1998, voir le chapitre 7, « Le camp comme "nomos" de la modernité », p. 179.
13 *What's happened and what's going on*, [S05E09].
14 Brown, Wendy, *Murs. Les Murs de séparation et le déclin de la souveraineté étatique*, Paris, Les Prairies Ordinaires, 2009.

du mur de Berlin, d'autres se sont construits dans le monde : en Palestine, entre le Mexique et les États-Unis, en Bulgarie, sans compter les *gated communities*[15], véritables murs intérieurs qui s'édifient aux États-Unis, en Israël au Brésil et ailleurs. Partout, il s'agit de repousser les pauvres, les migrants, ou de possibles terroristes afin de s'en protéger. De fait, « c'est l'affaiblissement de la souveraineté étatique, et plus précisément, la disjonction entre la souveraineté et l'État-nation, qui a poussé les États à bâtir frénétiquement des murs[16]. » Les murs n'exprimeraient alors qu'une mise en scène du déclin des États ou de leurs tentatives de restaurer leur autorité. Ce phénomène apparaît donc comme une allégorie de ce monde post-apocalyptique que nous donne à voir *The Walking Dead*.

LA PRISON

Dans le périple que traversent les protagonistes de la série, certaines situations sont parfois ironiques. C'est le cas quand le groupe de survivants trouve refuge dans une prison (saisons 3 et 4). Rick explique à son groupe les avantages d'une prison :

> RICK. – Il y a une infirmerie, une cantine.
> DARRYL. – Une armurerie ?
> RICK. – Elle doit être à l'extérieur de la prison, mais pas loin. On peut savoir où en allant voir dans le bureau du directeur. Des armes, de la nourriture, des médicaments, cet endroit pourrait être une mine d'or[17] !

Un peu plus tard, il raconte à Morgan : « On a trouvé une prison. Les clôtures nous protègent[18]. » Dans cet espace, les survivants dorment dans les cellules fermées tandis que les zombies déambulent en pleine lumière et essaient continuellement de pénétrer dans l'enceinte de la

---

15   « La *gated community* (pluriel : les *gated communities*) est un quartier homogène socialement, généralement habité par des populations aisées, clos, et accessible par un nombre minimal d'entrées gardées par un personnel privé. » : Gated community (quartier résidentiel fermé) in *Geoconfluences*, mise à jour : mai 2018, http://geoconfluences.ens-lyon.fr/glossaire/gated-community
16   Brown, Wendy, *Murs*, *op. cit.*, p. 17.
17   *Seed*, S03E01.
18   *Clear*, S03E12.

prison. Il y a donc une opposition spatiale entre les hommes qui vivent dans des espaces clos et étroits et les zombies qui évoluent dans des espaces vastes et illimités.

Et quand Hershel présente la prison à un nouvel arrivant, Tyreese, un homme noir, celui-ci ironise gentiment : « Je dois être le premier frère de l'histoire à entrer par effraction dans une prison. » Axel, un vrai détenu de la prison lui répond sur le même ton drolatique : « Ça fait de moi le premier blanc qui n'a pas envie de s'évader[19]. » Cette blague met en lumière la réalité des inégalités sociales américaines puisqu'aux États-Unis, plus de 40 % des prisonniers sont noirs, mais aussi les « inversions ethniques » ou des hiérarchies sociales, auxquelles la présence des zombies contraint tout le monde. Ce que les personnages disent les confronte à « l'impensable » en temps normal.

Et dans ce monde sauvage, la prison va se révéler être un paradis sur terre. Les survivants vont se réapproprier ce lieu et le cultiver comme l'explique Hershel, qui est fermier : « Si on peut creuser un canal sous la clôture, nous aurons plein d'eau fraîche. La terre est bonne. Nous pourrions planter des graines. Faire pousser des tomates, des concombres, du soja[20]. » Et plusieurs mois après les événements précédents, la prison a été fortement aménagée, notamment le terrain vide entre le grillage extérieur et le grillage intérieur, avec des plantations et des élevages de cochons.

Cet espace est donc perçu comme un « paradis terrestre ». Carol l'explique à Daryl : « Servir d'asile, nourrir les gens, tu vas devoir apprendre à vivre en harmonie[21]. » On pense alors à Candide qui cultive son jardin pour trouver le bonheur. C'est ce que pense Beth, la fille d'Hershel. Pendant qu'elle fuit la prison avec Daryl, on l'entend lire des extraits de son journal intime, montrant son attachement à ce paradis perdu :

> [...] Après la ferme, on était tout le temps en mouvement. Mais quelque chose est arrivé. Quelque chose de bien. Finalement. Nous avons trouvé une prison. Papa pense que nous pouvons en faire notre maison. Il dit que nous pouvons cultiver le terrain, trouver des porcs et des poulets, arrêter de courir, arrêter de faire les poubelles. [...] On peut vivre ici. On peut vivre ici le reste de nos jours[22].

---

19   *The suicide king*, S03E09.
20   *Seed*, S03E01.
21   *30 days without an accident*, S04E01.
22   *Inmates*, S04E10.

De la même manière, c'est sous forme de flashbacks que l'on comprend que Rick est nostalgique de la prison. Alors qu'il est enfermé dans un wagon du Terminus, il se remémore ces moments paisibles à la prison quand Hershel lui a appris à jardiner et à planter des graines afin que Carl ait une autre voie à suivre que celle des armes[23] :

> HERSHEL. – On peut faire mieux maintenant.
> RICK. – Changer les choses ici ne les change pas à l'extérieur.
> HERSHEL. – Non. Mais on est ici aujourd'hui, en ce moment. C'est un bon endroit pour commencer.

Et plus tard, alors qu'ils partagent un pur moment d'harmonie à jardiner, Hershel dit : « Ça pourrait être comme ça tout le temps », Rick lui répond : « C'est comme ça maintenant. C'est suffisant. » Cette harmonie qu'ils ont trouvée dans la prison montre que tout n'est pas perdu dans ce monde, des interstices de bonheur sont encore possible seulement s'ils restent enfermés et protégés par des barricades. La prison n'est pas le seul abri du groupe. Ils trouvent également refuge dans un hôpital, dans un bâtiment du CDC, dans une ferme, dans la ville fortifiée de Woodbury, au Terminus et dans les résidences pavillonnaires d'Alexandria Safe Zone.

Malheureusement, la prison, ce paradis sur terre, va devenir un paradis perdu. Le Gouverneur et sa bande réussiront à détruire l'enceinte fortifiée de la prison et les zombies s'engouffreront dans ce territoire qui sera inutilisable pour tout le monde[24].

ALEXANDRIA

La ville d'Alexandria où s'installent les personnages à la fin de la cinquième saison s'apparente à une *gated communitiy*. Alexandria ressemble à une résidence sécurisée, un « ghetto de riches ». Rick explique d'ailleurs à Daryl qu'il souhaitait y habiter avec Lori : « Lori et moi, on se baladait dans ce genre de quartier, en pensant, "un jour…". Et bien … nous y

---

23 *A*, S04E16.
24 Alors que Rick proposait au gouverneur : « On peut tous vivre dans la prison. » (S04E08).

voilà[25]. » Rick explique qu'avant la catastrophe, lui et sa femme rêvaient d'emménager dans ce « genre de quartier ». Ce qu'ils n'ont pas eu le temps de faire. C'est donc ironique que Rick s'y installe et vive enfin son « rêve ». Cela n'aura été possible qu'en raison de la catastrophe qui permettra aux classes moyennes (Rick est shérif) d'accéder à des lieux inaccessibles auparavant.

En outre, cette communauté reproduit en miniature la vie d'avant la catastrophe. Dans ce décor de la riche banlieue résidentielle de Washington, les enfants vont à l'école, s'ennuient et jouent même aux jeux vidéo. Carl est complètement ahuri en discutant avec les autres enfants[26] :

> — On est presque toujours là après l'école, viens quand tu veux.
> — Vous allez à l'école ?
> — C'est dans un garage. Les petits y vont le matin, et nous l'après-midi. Tu vas y aller toi aussi, non ?
> — Oui, sûrement. [...]
> — Tu veux jouer à des jeux vidéo ? Sinon dans la maison de Mikey il y a une table de billard, mais son père est du genre strict.
> — C'est bon. Il est au travail.
> — [...] Ou alors on peut juste traîner. Tu n'as même pas besoin de parler si tu ne veux pas. Il a fallu trois semaines à Enid pour dire quelque chose.

Carl qui vient du monde extérieur se sent déconnecté par rapport aux autres enfants de son âge qui continuent d'aller à l'école comme si rien n'avait changé. Mais comme ce n'est pas la première fois que ces enfants « récupèrent » quelqu'un du dehors (ils mentionnent l'exemple d'Enid), ils comprennent la réaction de Carl. D'ailleurs, le mutisme d'Enid, de ceux qui reviennent du dehors renvoie à la « pauvreté en expérience » théorisée par Walter Benjamin à propos des survivants des champs de bataille qui « revenaient frappés de mutisme [...] non pas enrichis d'expériences susceptibles d'être partagées, mais appauvris[27]. » La catastrophe (que ce soit le premier conflit mené de manière industrielle dans l'exemple de Benjamin ou l'apparition d'un virus qui transforme les morts en zombies) transforme les survivants au plus profond d'eux-mêmes.

De plus, à Alexandria, les femmes sont insatisfaites et se font battre par leurs maris alcooliques et violents. On y organise des soirées mondaines

---

25 *Remember*, S05E12.
26 *Ibid.*
27 Walter Benjamin cité par Agamben, Giorgio, *Enfance et Histoire*, Paris, Éditions Payot et Rivages, 2002, p. 23-24.

entre voisins où les questions que les habitants se posent sont « Que vais-je préparer à manger ? » et « Comment vais-je m'habiller ? » D'ailleurs, à l'occasion d'une fête organisée en leur honneur, Sasha se met en colère quand une voisine lui demande[28] : « Sasha, chérie, quel est ton plat préféré ? J'adorerai le cuisiner pour toi. Je le fais pour tous les nouveaux arrivants. » Sasha qui n'arrive pas à se détendre, lui répond « Je ne sais pas. » La femme insiste : « Bien sûr que tu sais. Chacun a un favori. Alors, quel est le tien ? Je ne voudrais pas cuisiner un truc que tu détestes. » À ce moment-là, Sasha commence à hurler : « Tu es inquiète ? C'est ça qui t'inquiète ? » Sasha qui a passé de nombreux mois dehors, qui a souffert de la mort de Bob, qui a survécu au Terminus, qui est donc allée au bout d'elle-même, ne peut plus supporter la vie « d'avant » la catastrophe, comme la superficialité des relations humaines. On pense alors à Benjamin qui écrit « Que les choses continuent comme avant, voilà la catastrophe[29] ». De fait, une partie du groupe de Rick comprend que cette communauté est faible et ont peur de devenir comme ses membres. Carl dira à son père : « J'aime bien cet endroit. J'aime bien les gens. Mais ils sont faibles. Et je ne veux pas que l'on devienne faibles[30]. » De la même manière, Carol fait part de sa peur à Rick quand il lui dit : « Je crois qu'on peut commencer à dormir dans nos propres maisons. S'y installer. » Elle répond : « Si on est trop à l'aise, on baissera la garde… cet endroit va nous rendre faibles. » Ce à quoi Rick répond : « Nous ne deviendrons pas faibles. Ce n'est plus dans notre nature ». Ils vont donc se préparer afin de se protéger des attaques de zombies et surtout des habitants.

En effet, même si la ville est entourée par une enceinte qui les protège des hordes de zombies, Rick et les siens veulent davantage de sécurité. Ils demanderont à Deanna : « Peut-on parler sécurité ? On a besoin de patrouilles constantes le long des murs. Pas uniquement pour surveiller les dommages, mais aussi signaler quiconque grimperait. […] Les gens sont la vraie menace à présent[31]. » Cet aspect renvoie au fait que la menace réelle n'est pas le zombie mais l'homme. Et l'histoire leur donne encore raison. Comme ils l'ont vécu à de multiples reprises, dans cette communauté qui semble « protégée et protectrice », les espaces humains expriment des réalités profondément conflictuelles.

---

28 *Forget*, S05E13.
29 Benjamin, Walter, *Charles Baudelaire*, Paris, Payot, 1982, p. 342.
30 *Remember*, S05E12.
31 *Forget*, S05E13.

De fait, à l'extérieur de cette enceinte, certains habitants d'Alexandria se révèlent être bien différents de ce qu'ils montrent à l'intérieur de la ville. Ils se comportent cruellement envers les zombies en les emprisonnant et les torturant. Un d'entre eux l'expliquera à Glenn : « On a un petit rituel. Pour garder les idées claires. Pour nous rappeler ce à quoi on fait face[32]. » Mais Glenn refusera de participer à ces jeux barbares et réussira à stopper cette pratique en empêchant ces hommes de ressortir hors de l'enceinte de la ville d'Alexandria.

Tous ces murs, grillages, miradors, barbelés présentés dans la série convoquent l'imagerie d'un univers carcéral, mais également celui des camps de rétention que les pays occidentaux réservent aux réfugiés. Et ironiquement, si *The Walking Dead* est influencée par l'époque qu'elle traverse, en retour, la série affecterait l'époque. Ainsi, selon Jared Kushner, le gendre et proche conseiller de Donald Trump, la série aurait participé à l'accession au pouvoir de ce dernier en 2016. Kushner a expliqué dans le magazine *Forbes* que grâce à des études précises, il a choisi de diffuser des spots publicitaires vantant la politique migratoire du candidat Trump lors de la diffusion de la série sur AMC[33] :

> L'équipe de Kushner a pu accéder aux données du Comité National Républicain. Elle a embauché des partenaires comme *Cambridge Analytica* capables d'analyser l'univers des électeurs et identifier quels sujets du programme de Trump avaient le plus d'importance pour eux : le commerce, l'immigration ou le changement. Des outils comme *Deep Root* ont permis de réduire les dépenses en spots de campagne à la TV en identifiant des séries populaires auprès de certaines catégories d'électeurs dans certaines régions précises, comme *NCIS* pour les électeurs qui étaient contre l'Obamacare (programme de couverture de santé) ou *The Walking Dead* pour ceux que l'immigration inquiétait[34].

---

32 *Remember*, S05E12.
33 En moyenne, un épisode de la série est regardé par plus de 12 millions de téléspectateurs lors de la 1ʳᵉ diffusion avec un taux autour de 6,9 % des 18-49 ans.
34 « Kushner's crew was able to tap into the Republican National Committee's data machine, and it hired targeting partners like Cambridge Analytica to map voter universes and identify which parts of the Trump platform mattered most : trade, immigration or change. Tools like Deep Root drove the scaled – back TV ad spending by identifying shows popular with specific voter blocks in specific regions – say, NCIS for anti-ObamaCare voters or *The Walking Dead* for people worried about immigration », Bertoni, Steven, « How Jared Kushner Won Trump The White House », *Forbes*, 22 novembre 2016, https://www.forbes.com/sites/stevenbertoni/2016/11/22/exclusive-interview-how-jared-kushner-won-trump-the-white-house/#114e92c93af6, consulté le 15 mai 2017. Traduction personnelle.

Ainsi, les téléspectateurs de la série *The Walking Dead* qui regardaient les images d'invasion de zombies étaient ciblés par la stratégie de Trump et devenaient plus perméables aux idées pro-murs. Sur *YouTube* circulent des clips autoproduits par des internautes américains mais pas seulement qui mettent en scène des images d'actualité montrant des migrants avec la musique et les effets du générique de la série[35]. La série *The Walking Dead* ferait écho à une vision conservatrice voire xénophobe qui se nourrit de la peur très ancienne des contaminations dont les vecteurs sont souvent les étrangers.

Penser la géographie de l'Apocalypse dans *The Walking Dead*, c'est comprendre que malgré l'édification de murs partout où la population se sent en danger, aucun mur, aucune barrière n'est efficace face à la volonté de les franchir. La menace est désormais celle d'une « altérité du dedans[36] ». Surtout si comme dans *The Walking Dead*, on est tous porteurs du virus. La maison n'est plus l'espace que l'on rejoint mais le lieu qu'il faut fuir et laisser derrière soi, cet espace étant devenu le lieu de tous les dangers. Ce monde catastrophé est donc marqué par l'opposition permanente : l'édification de murs fracturant le monde du dedans par rapport au dehors.

Pourtant, il est parfois encore possible de croire au monde. Depuis l'éviction de la prison, le groupe a été divisé. Dans l'épisode 15 de la quatrième saison (avant qu'ils n'arrivent au Terminus et se retrouvent tous ensemble), Rick et Carl ont retrouvé Michonne. Carl et Michonne jouent à marcher sur les rails sans tomber ; Carl gagne. Michonne lui tend deux barres de chocolat ; il prend son temps pour la choisir :

> CARL. – J'ai gagné. Passe à la caisse. [Il prend une barre de chocolat] C'est vraiment le dernier Big Cat ?
> MICHONNE [Ne voulant pas lui donner]. – Arrête.
> CARL. – Tu l'avais dit, c'est le gagnant qui choisit.
> MICHONNE. – Prends-le, il est à toi. Tu l'as gagné à la loyale. [Carl coupe la barre de chocolat en deux et donne un bout à Michonne]
> CARL. – Allez, on partage toujours.

---

35 Voir par exemple https://www.youtube.com/watch?v=OOwjndLh8LE, https://www.youtube.com/watch?v=0zquJBbApQM, et https://www.youtube.com/watch?v=c7bpetmptUI (consulté le 16/11/2022).
36 Jodelet, Denise, « Formes et figures de l'altérité », in Sanchez-Sazas Margarita et Licata Laurent (dir.), *L'Autre : regards psychosociaux*, Grenoble, Presses universitaires de Grenoble, 2005, p. 33.

Cette scène met en lumière comment la solidarité et l'amour existent au sein du groupe de Rick (dans un épisode intitulé « Us » qui plus est). Le « toujours » dans la dernière réplique de Carl montre bien que ce groupe a l'habitude de ces gestes de solidarité. « Qu'est-ce que survivre ? » se demande l'anthropologue américaine Anna Lowenhaupt Tsing dans son livre *Le Champignon de la fin du monde* : « Dans l'imaginaire populaire américain, survivre consiste à se sauver soi-même en repoussant les autres. La "survie" [...] est synonyme de conquête et d'expansion[37]. » Cet imaginaire se retrouve dans la fabrication du mythe de la frontière que l'on retrouve dans les westerns. L'anthropologue poursuit son analyse : « [...] Rester en vie, quelle que soit l'espèce considérée, signifiera que sont requises des collaborations viables. [...] Sans collaborations, nous sommes tous morts. [...] Pour survivre, nous avons besoin d'aide, et l'aide est toujours fournie par un autre, qu'il en ait ou pas l'intention[38]. » On ne peut donc pas survivre sans partager avec d'autres. Comme si toute l'atrocité du monde était effacée par le fait de se montrer solidaire, de partager. Le monde de la série *The Walking Dead* représente bien l'enfer des vivants. Mais malgré la catastrophe, malgré l'enfer qu'ils traversent, il semble possible pour les personnages de la série de trouver des moments de joie, des trouées de lumière afin de croire à nouveau au monde.

Anne-Lise MELQUIOND

---

37 Lowenhaupt Tsing, Anna, *Le Champignon de la fin du monde*, Paris, La Découverte, 2017, p. 65-66.
38 *Ibid.*, p. 67.

PERSON OF INTEREST ET NEW YORK

Géographiquement vôtre

...ou comment la série de Jonathan Nolan et Greg Plageman met des concepts de géographie au service d'une narration « The American dream is back »...

Comment embarquer un lecteur et un spectateur dans une histoire un rien improbable, doivent se demander quantité d'auteurs... ? Tenez, par exemple, si on commence à vous raconter qu'on est dans une rame du métro new-yorkais, où un clochard alcoolisé ne va pas tarder à croiser deux personnes qui vont lui redonner sa chance (oui, oui, le même jour) et lui permettre de s'en sortir... Vous trouvez ça un peu gros et vous avez raison. Mais avez reconnu la première scène de la série dont il va être question ici, *Person of Interest* (CBS, 2011-2016), centrée sur la thématique de la surveillance de masse informatisée. Et devant ce quasi-conte de fées, deux réactions possibles parmi d'autres : cette histoire vous agace et vous passez votre chemin, ou bien vous entrez dedans avec un inconfortable plaisir, sans bien identifier non plus l'origine de cette vague culpabilité (l'autrice de ces lignes ayant été dans le second cas). Alors pas d'inquiétude, c'est normal, ça a à voir avec l'histoire (un peu) et la géographie (beaucoup). Asseyez-vous et reprenez du thé sencha, on vous explique.

Après le coup du clochard racheté – laissons de côté le degré assez élevé de violence et le message de la série devenant assez flou avec les années – c'est un peu le festival des hymnes à l'Amérique éternelle, où on peut sans arrêt réinventer sa vie après des échecs ou des coups durs (n'est-il pas, Mr Finch ?), une Amérique généreuse pour ses citoyens qui le méritent et sont prêts à expier leurs fautes, et pour le monde entier, à la destinée manifeste, et tout ça. Bon... À remettre dans le contexte (la série est sortie en 2011) d'une décennie passée où le pays a effectivement connu des coups (très) durs, n'a pas toujours montré un visage glorieux, et veut donc rafraîchir son image de grande puissance porteuse de bonnes valeurs. Alors ce n'est pas toujours subtil, comme quand par exemple John Reese, notre ex-clochard, sauve de braves Américains et remercie sans arrêt son philanthrope milliardaire de nouveau patron (pas subtil, on vous dit !) pour lui avoir donné une seconde chance (en l'occurrence, la mission de rechercher préventivement des gens risquant d'être impliqués dans des actes violents pour les empêcher) après ses errements en tant que militaire. D'où le problème, notre petit malaise, et pourtant ça passe.

Une des raisons – outre quand même des qualités d'écriture, l'importance des questions soulevées, les deux personnages principaux attachants et contrastés comme il faut, avec leur part d'ombre et leur passé progressivement révélés par une narration efficace – en est que d'autres outils plus fins sont en fait mis au service du message sur l'Amérique, en particulier des outils visuels : oui, du début à la fin de la série, la puissance et la gloire de New York claquent, des moyens ont été engagés dans ce but et cela ne doit rien au hasard : ici, l'Amérique et Big Apple sont de retour. Et les géographes de se demander si les auteurs ne sont pas, de près ou de loin, familiers et utilisateurs des observations ou même des concepts de leur discipline, tant certains aspects de nombreux épisodes font figure de manuel de géographie urbaine : New York est franchement montrée, d'une part, comme appartenant au groupe des « villes mondiales » (« global cities »), constitué de quelques agglomérations de la planète concentrant la population, du pouvoir et de la richesse. D'autre part, espace privilégié de l'action, elle devient un territoire de l'humanité.

Allez, voyons comment on nous montre là une « ville mondiale », pour commencer. Mais attention le pouvoir, avec ce concept, ce n'est pas seulement la domination économique, financière, politique. C'est aussi le prestige, notamment touristique et historique.

Dès la première saison, les lieux de pouvoir – au sens le plus courant du terme – de la ville sont mis en avant : la première rencontre de John Reese et Harold Finch, les deux héros, a lieu sur un rivage de Queens qui nous donne un plein panoramique sur la skyline de Manhattan et ses fleurons, le Chrysler building, l'Empire State building, mais aussi le siège de l'ONU. Beau patronnage pour le duo en formation ! Dans les grands moments de réconciliation entre Reese et Finch (oui, on peut être ensemble au service du Bien mais avoir ses petites disputes), ou lorsque l'équipe s'étoffera, on aura toujours la petite réunion au sommet dans ce même parc, avec le même panoramique, bien sûr. Les lieux du pouvoir économique ne sont pas en reste : Wall Street est le cadre de tout un épisode de la saison 4, *If. Then. Else* (avec un côté un rien mythifié : ça fait longtemps que les loups du coin ne sont plus que rarement dans ces bâtiments...), les Central Business Districts sont amplement montrés, les alignements d'immeubles de bureaux forment de beaux volumes à l'image, parfois contrebalancés par les détails néogothiques d'immeubles plus anciens.

Dans le cadre de cette démonstration de puissance, le côté dépliant touristique n'est pas absent, avec les lieux et points de vue emblématiques (ce deuxième aspect n'étant pas sans recouper le premier) : de très nombreuses scènes sont tournées à Central Park au cours des saisons, Battery Park (situé à la pointe sud de Manhattan) nous offre souvent son ouverture sur la Statue de la Liberté (par exemple dans *Super*, S01E01, au cours d'un émouvant flashback), et de longues filatures ont régulièrement lieu sur la promenade de bord de mer de Brighton Beach, au sud de Brooklyn. Panoramiques superbes aussi à partir du Rockefeller Center ! Et le musée Guggenheim, alors ? Oui, les plus fleur bleue de ceux qui connaissent la série, on vous voit ! Vous avez cru qu'on oublierait la promenade de Grace (ceux qui ne savent pas qui c'est, regardez la série. No spoiler.) et de son cher et tendre (ceux qui ne savent pas qui c'est...), avec l'épisode *Til Death* (S02E08).

Autre apanage de certaines des villes mondiales lié à leur prestige, la diversité d'origines de leurs habitants. Il est vrai que cela concerne moins les villes mondiales des pays émergents comme par exemple Mumbai ou Shanghai (d'ailleurs les spécialistes discutent sur leur classification en « villes mondiales ») que celles à la puissance ancienne comme Paris, Londres et justement New York. Un tiers des résidents de New-York n'est pas né aux États-Unis, et cette diversité d'origines n'est pas oubliée dans la série qui met à l'honneur les quartiers très identifiés par leurs communautés : belles scènes tout au long des saisons à Chinatown et dans ce concentré d'Europe de l'Est qu'est Brighton Beach, avec implication dans le scénario des communautés concernées, de leurs particularismes et du rôle des diverses mafias. Sans se prononcer sur le rapport à la réalité de ce dernier élément du scénario, on peut remarquer que cet ancrage dans les paysages et les groupes donne un petit coup de jeune à la thématique des guerres de gangs new-yorkais.

Enfin, un autre choix de réalisation nous renvoie au souci d'affirmer New York comme une ville mondiale qui compte, dans un monde où le mouvement est plutôt associé aux villes mondiales des pays en développement. Dans la série, les flux sont permanents, des foules en mouvement au trafic automobile, et donnent l'impression que les auteurs ont voulu affirmer le dynamisme de la ville, remis en cause par l'émergence de ces métropoles du « Sud » : cette représentation des foules denses et grouillantes, des réseaux de transport robustes, est aujourd'hui en effet plus souvent associée à Rio, Mumbai, Shanghai... Une manière de dire que, de nouveau, c'est à New York que « ça » se passe ?

Malgré tout cela, on nous objectera que l'originalité de la représentation de New York dans *Person of Interest* et de ses lieux de puissance ou de prestige doit être un peu plus étayée, tant l'accent mis sur les paysages de cette ville sont un classique de beaucoup de séries. Mais à notre connaissance il s'agit dans la majorité des cas de plans en extérieurs sans les personnages, destinés à marquer la transition entre des scènes studio, avec plus ou moins de créativité (les plans lents en plongée sur les toits d'immeubles de *Without a trace* étant un exemple de « plus »). Dans la série, l'action se déroule le plus souvent en extérieur (ce qui permet de voir les paysages évoluer avec les saisons de l'année et a donné lieu à de nombreuses fâcheries avec les habitants gênés par le tournage), dans les lieux que nous avons décrits plus haut, ou dans des intérieurs largement ouverts sur le paysage urbain par de grandes baies vitrées. Beaucoup de scènes auraient pourtant gardé leur sens avec des décors intérieurs : les personnages échangent souvent de simples répliques explicatives en marchant au sein de la dense et mobile population urbaine, se déplaçant avec elle, filmés en plans larges. N'est-ce pas une façon d'affirmer que pour nos héros et donc pour nos auteurs, la ville est leur territoire ?

Ah, le territoire ! Que voilà un concept géographique tout aussi bien embarqué par la série que celui de ville mondiale ! Mais qu'est-ce qu'un territoire pour les géographes ? D'abord, la même chose que pour les moldus non géographes : un territoire, c'est un endroit que quelqu'un s'approprie. Le géographe ajoute que le quelqu'un (qui peut être un individu, un groupe plus ou moins étendu, de la petite bande de quartier à toute la population d'un pays) va organiser et maîtriser (aménager, dit-on dans le jargon) l'endroit en question. Et c'est vraiment ce que font nos auteurs avec New York.

Un espace organisé ? L'aire urbaine new-yorkaise – la ville et de ses zones d'influences, avec son centre et ses périphéries plus ou moins lointaines – est montrée et balisée méthodiquement, avec des nuances minimes entre la réalité et la série. On notera dans l'ordre d'apparition :

— La ville de New York proprement dite sur le plan administratif, avec ses cinq « boroughs » :

Manhattan, quartier le plus connu dans le monde, semble valorisé : dans l'épisode de saison 2 *The High Road*, aller dans les confins de Queens, c'est déjà aller en « banlieue ». L'épisode a d'ailleurs un savoureux côté *Desperate Housewives*, que vous apprécierez si le personnage de Zoé et son attachement inavoué à Reese vous amusent. Impression à nuancer toutefois : beaucoup de lieux clés de l'action se situent dans le Queens, ou à Brooklyn, et l'attention au cadre géographique est constante même dans ces quartiers moins médiatisés.

— Les espaces urbains périphériques de l'agglomération :

Ce sont ceux qui, pour des raisons diverses (venue quotidienne de travailleurs, par exemple), sont considérés comme dépendants de la ville-centre, dans le cadre de ce qu'on appelle la CSA, soit « combined statistical area ». La population incluse dans cet espace est estimée à 23,7 millions d'habitants en 2016. Ses limites sont parfois assez lointaines de Manhattan, jusqu'à une centaine de kilomètres. Ces espaces urbains périphériques sont le cadre de relativement peu d'épisodes. On citera l'intense mais plein d'humour et de références de fiction *Proteus* (S02E17), qui se passe dans la partie est de Long Island (la partie ouest, c'est Queens et Brooklyn), ou encore les scènes de *Many happy returns* (S01E21) tournées – et situées explicitement, d'ailleurs – à New Rochelle, banlieue chic du comté de Westchester au nord de la ville-centre de New York.

— Les périphéries plus lointaines, mais encore sous influences, d'une manière ou d'une autre, de l'agglomération :

Ce sont les chalets luxueux de la gentry new-yorkaise, perdus loin dans les montagnes environnantes, dans *Terra incognita* (S04E20) où, sur une figure imposée de la fiction US, Reese aux portes de la mort communique un moment avec l'âme d'une défunte qui lui était chère (mais arrêtez de demander qui, j'ai dit pas de spoilers et on regarde la série!). C'est aussi le cadre de *M.I.A.* (S04E13), où Reese et Miss Groves (comme Finch persistera à l'appeler) se lancent à la recherche de Shaw et sont ainsi emmenés aux confins de l'État de New-York, loin de la ville mondiale mais tout près des Grands lacs et de la frontière canadienne. Dans cette zone ultra-périphérique, loin de la prospérité de la métropole, l'industrie a déserté et la crise de 2008 a frappé de plein fouet. Cette évolution géoéconomique est au cœur de l'intrigue de l'épisode. À noter que les deux épisodes appartiennent à la saison 4, au cours de laquelle les auteurs renouent avec cet ancrage géographique très prononcé lors des deux premières saisons, mais un peu délaissé lors de la troisième.

Un espace maîtrisé? Cette maîtrise du territoire apparaît par sa connaissance tout d'abord. «Sans la géographie vous n'êtes nulle part», a dit un inconnu bien inspiré. Eh bien voilà, les auteurs de *POI* se signalent par la volonté de toujours bien faire savoir où nous sommes. Les lieux de l'action sont systématiquement nommés (la plupart du temps avec leur véritable nom ou pas loin) et localisés. Une cartographie très contemporaine, en lien avec l'esthétique visuelle des caméras de surveillance, de la géolocalisation, accompagne de nombreuses scènes. Cette exactitude géographique de l'action est au cœur de la série (à ceci près que le rapport espace-temps est parfois très discutable, mais c'est une généralité dans une série américaine grand public). Le rôle des transports, ensuite, déjà pointé pour créer le sentiment d'une métropole toujours dynamique, renforce l'idée de contrôle de l'espace. Des infrastructures comme les larges avenues, les ponts, les gares, sont systématiquement mises en avant, et là aussi le déplacement est constant. Mais en réalité, le souci de la maîtrise du territoire va plus loin qu'une simple problématique géographique, c'est celui de la bonne vieille recherche de maîtrise du labyrinthe. Ce motif est effet omniprésent tout au long des épisodes: le labyrinthe, c'est d'abord celui des réseaux numériques mis en place par les multiples appareils connectés, rendus de belle manière à l'image et matérialisés, reflétés, par le labyrinthe des rues de la ville et de l'intérieur des immeubles. Les scènes de filatures, extérieures comme intérieures – l'époustouflante traque dans l'immeuble de Manhattan de *Fire wall* (S01E23), le cliffhanger de fin de saison 1, en témoigne –, sont particulièrement soignées. Comment s'en sortir si ce n'est grâce à la magnifique bibliothèque d'Harold (non, le souci d'ancrer l'histoire dans le paysage new-yorkais n'a pas empêché de chouchouter les décors intérieurs), dont les livres sont soigneusement classés de façon à traiter les informations fournies par la Machine ? Et là, à vous aussi ça vous rappelle quelque chose… Maintenant, vous êtes là vous aussi, à vouloir absolument savoir si les auteurs de *Person of Interest* ont lu *Le Nom de la rose*, pas vrai ? En fait on verra peut-être ça et tout ce qui concerne le discours de la série sur la culture et l'histoire de l'Occident une autre fois, il y a de quoi faire. Mais concluons pour l'instant sur les usages de la géographie.

Nous avons montré l'utilisation à notre avis absolument volontaire et consciente de deux concepts majeurs de la géographie par la série – concepts peut-être connus en eux-mêmes car les showrunners et équipes de scénaristes ont, aux États-Unis, des parcours universitaires très diversifiés, ou étant parvenus par d'autres voies dans les scripts et cahiers des charges – dans le but de redonner, par un moyen de *soft power*, du lustre à une Amérique et à une ville meurtries par les événements de l'époque… Ceci non sans une certaine lucidité de la part des auteurs sur la politique internationale de leur pays et le comportement discutable par rapport aux valeurs affichées de la grande puissance. Pourtant ce cadre magnifique, extrêmement localisé et soigné – on mentionne souvent le rôle du directeur de la photographie des deux premières saisons, Teodoro Maniaci – fait partie d'un séduisant paradoxe… En effet la série raconte aussi et surtout l'histoire de quelques personnages qui réussissent à être introuvables et invisibles, à n'être donc nulle part, malgré toute la géographie du monde…

Nathalie BAILBE

LES COLLECTIVITÉS TERRITORIALES OCCITANES FACE AU SÉRIE-TOURISME

Témoignage

Nathalie Séverin est consultante auprès des collectivités territoriales occitanes qui souhaitent travailler sur l'impact positif et négatif des productions audiovisuelles installées sur leur territoire : à la fois les opportunités de développement économique et, par exemple, les nuisances pour la population vivant à proximité des lieux de tournage. Elle travaille également à une thèse de doctorat intitulée « Une Si Belle Région : la mise en fiction et la mise en tourisme du territoire d'Occitanie par les séries audiovisuelles » *qui a reçu le soutien d'Occitanie Film, du Bureau d'accueil des tournages de Montpellier Méditerranée Métropole, et une allocation de la Région Occitanie.*

J'ai développé mon activité à la suite d'une première collaboration avec le Bureau d'accueil des tournages (BAT[1]) de Montpellier Méditerranée Métropole dans le cadre d'un travail universitaire sur la série *Un si grand soleil* (France 2, depuis 2018), mais la première série française qui a soulevé ces enjeux, c'est *Plus belle la vie* (France 3, 2004-2022). Dans les années 2000, la municipalité de Marseille s'était retrouvée un peu démunie face à l'engouement des fans qui se rendaient sur place et découvraient que rien n'était prévu pour eux.

Depuis, le phénomène de *set-jetting* [le fait de visiter les lieux servant de décor à ses films ou séries préférées] n'a cessé de prendre de l'ampleur. L'exemple le plus connu est *Game of Thrones* (HBO, 2011-2019) dont tous les lieux de tournage (Croatie, Irlande du Nord, Islande...) ont vu leur fréquentation touristique augmenter. Sur le territoire français, le succès international de la série *Lupin* (Netflix, depuis 2021) a relancé autour

---

1   https://www.montpellier.fr/3405-bureau-d-accueil-des-tournages.htm (consulté le 16/11/2022)

des falaises d'Étretat et d'autres lieux associés à la figure du célèbre cambrioleur un tourisme qui existait déjà grâce aux œuvres littéraires de Maurice Leblanc et aux premières adaptations audiovisuelles. Cette activité a toutefois été limitée par le contexte : la première partie de la série a été mise en ligne en janvier 2021, or le troisième confinement imposé en réponse à la pandémie de CoViD-19 a été en vigueur en avril-mai. Autre exemple : Dunkerque a accueilli de nombreux touristes supplémentaires suite à la sortie du film [du même nom] de Christopher Nolan en 2017 mais aussi, dans une moindre mesure, suite à la diffusion de la série *Baron Noir* (Canal+, 2016-2020).

Dans le cas des Hauts-de-France, nous avons une région qui n'est pas parmi les plus touristiques de France mais qui accueille de très nombreux tournages et où on a observé un surcroît d'attractivité. En Occitanie, qui est une région très touristique, c'est le succès de *Candice Renoir* (France 2, depuis 2013) et le constat qu'on avait sur place les moyens techniques nécessaires, qui a encouragé à localiser d'autres fictions dans la région : c'est ainsi que Newen Productions a lancé *Demain nous appartient*, située à Sète et diffusée sur TF1 à partir de 2017. Dans la première année de diffusion de la série, Sète a accueilli 35 % de touristes supplémentaires, dont beaucoup voulaient voir les lieux emblématiques de la série, surtout le Spoon, un café où se déroulent de nombreuses scènes.

Le cas de Montpellier et d'*Un si grand soleil* est un peu différent car le tournage est plus dilué dans toute la ville. Néanmoins, assez rapide-ment, on a vu arriver des touristes à la recherche de certains lieux mis en valeur dans la série. Nous avons donc décidé, avec le BAT de la ville et l'Office de tourisme, d'établir et de diffuser une carte localisant un certain nombre de lieux remarquables par leur caractère architectural, naturel ou patrimonial et de les associer à des personnages récurrents qui y apparaissent régulièrement. Nous avons aussi décidé de consacrer un espace dédié dans l'Office de tourisme. Jusque-là, le seul lieu dédié était un *corner* dans l'aéroport Montpellier-Méditerranée qui reconstituait la paillote, un lieu récurrent de la série situé sur la plage de La Grande-Motte et où étaient diffusés des extraits de la série. Il était installé dans la zone réservée, accessible seulement aux personnes détentrices d'un billet d'avion, ce qui était trop limité. L'emplacement de l'Office de tourisme commercialise des produits dérivés et j'ai proposé qu'on organise des visites guidées où on montre des scènes tirées de la série dans les lieux mêmes où elles ont été tournées.

Pour *Ici tout commence*, spin-off de *Demain nous appartient* diffusé sur TF1 depuis 2020, la situation est encore différente puisque la production (Telfrance et Mi2) a jeté son dévolu sur la petite ville de Saint-Laurent-d'Aigouze [dans le Gard], qui compte 3500 habitants, et a décidé de tourner quasi exclusivement en décors naturels, à Saint-Laurent (surtout dans le château de Clavières), et aussi en Camargue. J'avais rencontré le maire de Saint-Laurent au moment où le tournage de la première saison venait de commencer, en 2020, et je me souviens qu'il m'avait semblé sceptique sur l'impact de la série sur son territoire. Quelques mois plus tard, la municipalité, accompagnée par la Communauté de Communes Terre de Camargue, m'a recontactée parce qu'ils commençaient à ressentir cet impact et cherchaient des réponses à apporter aux demandes des set-jetteurs. On a donc monté, avec la production, une boutique de produits dérivés et d'ustensiles de cuisine professionnels, et là aussi on a organisé des visites guidées qui ont tout de suite eu beaucoup de succès.

L'objectif de ces set-jetteurs, c'est de rencontrer les comédiens, de les approcher, passer un moment avec eux. La série quotidienne a ceci de particulier, par rapport à d'autres séries à succès, qu'une partie du public assimile davantage les comédiens à leurs personnages, les considèrent comme des proches. Le plus souvent, ils s'adressent à eux par les noms de leurs personnages. Et puis une série de fin d'après-midi, comme *Ici tout commence*, c'est un public plus populaire, plus jeune, qui s'enflamme davantage.

Dans *Demain nous appartient* et *Ici tout commence*, on développe peu les thématiques régionales, ce qui fait un peu râler les populations locales. J'entends parfois : « ils ne parlent pas de nos traditions, de la pêche au Grau-du-Roi, on ne voit pas la criée, ni les chevaux et les taureaux de Camargue », alors que le lieu principal de la série est une prestigieuse école de cuisine. La production a fait quelques efforts pour intégrer ces thématiques mais, en ce qui les concerne, c'est clair : ce n'est pas une série sur l'Occitanie. Même chose dans *Demain nous appartient* : on reconnaît le Mont Saint-Clair, le Bassin de Thau et ses parcs à huîtres, mais la série pourrait tout aussi bien être localisée dans le Bassin d'Arcachon sans perdre son identité.

Le cas d'*Un si grand soleil* est différent parce que les producteurs, notamment Toma de Matteis et Olivier Szulzynger ont choisi Montpellier pour le climat [ensoleillé toute l'année] mais aussi pour sa diversité urbaine et architecturale : le centre historique [l'Écusson] est hérité du Moyen-Âge, la Promenade du Peyrou date du XVIIe-XVIIIe siècles, les bâtiments entre la Place de la Comédie et la gare sont de style hauss-mannien, plusieurs grands boulevards aussi, et enfin il y a toute une ville contemporaine en constante évolution, avec des grandes signatures de l'architecture : Ricardo Bofill à Antigone dans les années 1980, Jean Nouvel pour la nouvelle mairie à Port-Marianne ou Zaha Hadid dans les années 2010. Par ailleurs la ville et sa métropole sont situées aux confins du littoral méditerranéen, des contreforts du Massif central et des plaines et étangs de Camargue, qui offrent également un potentiel de décors d'une grande variété et tous très télégéniques.

Et puis, ce qui change, c'est la présence de ce BAT qui existe depuis 2010, et qui est rattaché à la Direction de la culture et du patrimoine (et non à celle de la communication par exemple), qui accompagne les productions sur la recherche de décors, sur les besoins logistiques en centralisant les demandes et en les relayant auprès des différents services quand il faut éclairer une rue, faire fonctionner une fontaine, donner accès à certains monuments fermés ou à des propriétés privées. L'objectif, c'est de valoriser le territoire. Par exemple, le BAT reçoit à l'avance les infos sur toute l'actualité culturelle de Montpellier pour les mois à venir et les transmet suffisamment en amont à la production d'*Un si grand soleil*, sachant qu'un épisode est écrit quatre mois avant sa diffusion et tourné deux mois avant. C'est ainsi que la série, qui veut coller à l'actualité, va pouvoir intégrer dans ses plans des affiches d'événements culturels, et dans ses dialogues des références à des événe-ments par exemple à La Comédie du Livre [un festival littéraire annuel]. Dans le domaine des transports, la série va aussi mettre en valeur les tramways très photogéniques de Montpellier et les mobilités à vélos. Pour la ville, c'est une pub peu coûteuse et diffusée en *prime time* ! Et la série joue le jeu car le BAT lui facilite la vie. C'est un échange de bons procédés.

Mais le rôle du BAT peut être encore plus important. Dans la série saisonnière *Tandem* (France 2, depuis 2016), le BAT, en liaison avec

Occitanie Films, l'agence régionale du cinéma et de l'audiovisuel, a même un rôle prescripteur : chaque épisode se déroule dans un lieu précis du territoire de la région montpelliéraine et met en valeur un lieu de patrimoine ou une activité économique, par exemple la fac de Médecine [S2E7], le Pic Saint-Loup [qui donne son titre à l'épisode S2E6], Port-Camargue [S3E9], etc. Ainsi chaque épisode de Tandem est une véritable carte postale de Montpellier ou de sa région et participe de sa notoriété et de son attractivité.

Ce mode de fonctionnement est une réussite et l'engouement pour ces territoires est tel qu'on peut arriver à une forme de saturation où les mêmes paysages sont réutilisés dans toutes les séries. En 5 ans, l'Occitanie a vu une augmentation de 370 % des journées de tournage, c'est considérable et les 3 séries quotidiennes y contribuent largement.

Donc actuellement j'accompagne la communauté de communes « Terre de Camargue » où se trouve Saint-Laurent-d'Aigouze, mais aussi Aigues-Mortes et ses fameux remparts, ou Le-Grau-du-Roi et son port de pêche pittoresque. C'est un territoire qui pourrait accueillir plus de tournages et donc on est en train de réfléchir à la création d'un petit BAT dédié. En effet, la création d'un réseau de bureaux des tournages dans les différentes collectivités autour de Montpellier pourrait permettre aux communautés de communes qui les mettraient en place de bénéficier de l'attractivité de l'écosystème en constant développement à Montpellier, tout en allégeant la charge des tournages dans la ville. Les productions seront sans doute de plus en plus nombreuses attirées par les équipements de pointe qui se créent dans la métropole. France TV, sur un site de 16 000 m^2 où deux studios de 1300 m^2 chacun permettent la production d'*USGS* depuis 2018, vient d'inaugurer deux nouveaux studios de 1000 et 600 m^2 avec des équipements de haute technologie et a délocalisé la post-production de la région parisienne à Vendargues. Par ailleurs, la création prochaine de PicStudio un centre cinématographique de 10 hectares au nord de Montpellier, un important *backlot* sur une ancienne friche industrielle, de nombreuses sociétés de production et de postproduction audiovisuelles mais aussi de nombreuses écoles de cinéma, de comédie, d'effets spéciaux etc. qui forment les professionnels performants de demain, (qui peuvent expérimenter leurs futurs métiers par des stages sur place), complètent cet écosystème.

Un véritable cercle vertueux s'est mis en place autour de l'audiovisuel et des Industries Culturelle et créatives dans cette région et ce n'est que le début de l'aventure que je m'amuse à appeler « Montpeulwood ». Ce qui est certain c'est que le tourisme sur les lieux de tournage ne devrait pas faiblir en Occitanie et qu'il est utile à plus d'un titre de le réguler, pour éviter les tensions entre les fans et les populations locales et pour favoriser le développement économique qui contribue à l'acceptabilité des nuisances qu'il peut occasionner.

Nathalie SÉVERIN

LA PETITE GÉOGRAPHIE DANS LA SÉRIE

Rencontre avec Fabrice Gobert

J'ai grandi avec les séries. Pas celles que l'on ingurgite aujourd'hui par paquet de douze et qui nous bouleversent le temps de quelques soirées, non, j'ai grandi avec des séries qui ont su m'accompagner dans le temps, me réjouir, me construire et me faire réfléchir au fil des épisodes et des années. Ainsi les héros et les arènes dans lesquels des auteurs les faisaient évoluer m'étaient très familiers.

Après la fin d'*Urgences*, qui m'a accompagnée de mes 16 ans à mon trentième anniversaire durant 15 saisons, j'avais l'impression de bien connaître Chicago. Je n'ai jamais mis les pieds dans l'Illinois, mais je sais que si je débarque un jour dans le véritable Cook County Hospital, j'irai évidemment à l'arrière du bâtiment des urgences. Je suis certain d'y croiser Rachel Greene. Buvant son café, fumant sa clope, jouant peut-être même au basket en conseillant ou réconfortant un de ses collègues, on échangera un regard, peut-être même un sourire... et on se reconnaîtra.

Quand on vit l'expérience séries, c'est au fond plus que de la fiction. On suit une histoire, certes, mais elle change et évolue tellement au rythme que nos vies, qu'une fois la télévision éteinte, la géographie savamment dessinée au fil des épisodes reste intacte dans nos mémoires.

Il ne faut donc pas s'étonner que de nombreux téléspectateurs viennent encore aujourd'hui se photographier devant la façade du bar de *Cheers* à Boston, sitcom culte à succès d'avant l'ère *Friends* et pourtant terminée depuis le début des années 1990. On peut voir le même genre de pèlerinage sur les traces de Monica, Rachel, Chandler et les autres à New York, sur les lieux de *Game of Thrones* en Écosse ou en Irlande, mais aussi de *Plus belle la vie* à Marseille. Et plus la série dure dans le temps et marque l'histoire des séries et des spectateurs, plus le besoin s'impose aux fans d'en parcourir l'espace et le moindre recoin de sa géographie.

On vit tous des expériences particulières avec les paysages des séries et certains d'entre eux consciemment ou inconsciemment nous invitent à prolonger ce voyage jusque dans les lieux filmés dans *Twin Peaks*, voire à nous rendre dans le véritable Walnut Grove de Laura Ingalls.

Les créateurs de séries ont totalement conscience qu'en travaillant sur leur univers ils en conçoivent autant l'histoire que la géographie. Pour en parler plus concrètement, j'ai rencontré l'un d'entre eux, Fabrice Gobert, qui a signé *Les Revenants* (2012-2015) pour Canal+ et *Mytho* (depuis 2019) pour Arte. Fabrice Gobert qui a démarré dans le métier sur la série pour la jeunesse *Cœur océan* – tournée sur l'île de Ré – aime travailler avec les espaces, celui des Alpes dans *Les Revenants* et plus récemment la banlieue pavillonnaire dans *Mytho*.

C'est à Paris, dans un café du 17e arrondissement, que nous nous sommes rencontrés, non loin d'un autre bistrot, le Royal Pereire où, il y a quelques années, Gobert a vécu une expérience marquante : à une table à deux pas de la sienne se trouvait Carmela Soprano, enfin Edie Falco, la comédienne qui joue l'épouse du célèbre mafieux dans la série *Les Soprano* ! Un choc pour le réalisateur de voir « la fiction lui rendre visite », de voir Carmela, ce personnage de fiction, prendre place dans un décor qui lui est très familier.

Un premier témoignage intéressant, mais que l'on pourrait aussi renverser. Dans mon enfance, je vouais un culte – et à dire vrai, c'est encore le cas – à *La petite maison dans la prairie* pour une raison très simple : au-delà de l'histoire de Laura Ingalls et de sa petite famille de pionniers, le chemin qui menait Laura de l'école à sa petite maison ressemblait beaucoup à celui que l'on empruntait tous les dimanches pour nous rendre dans la petite ferme de mon grand-père dans le Lot.

Tourné en Californie, le Walnut Grove de Michael Landon n'avait rien à voir avec le véritable Walnut Grove de l'écrivaine Laura Ingalls dans l'État du Minnesota, mais il ressemblait – du moins pour l'enfant que j'étais – à la ferme familiale du Quercy blanc. Géographie fictionnelle et espace personnel se réunissaient le temps d'une série, douce expérience au-delà du réel que j'avais envie d'évoquer avec Fabrice Gobert, un artiste qui s'est beaucoup inspiré de son espace intime et personnel pour penser le paysage de ses séries. Rencontre.

Fabrice GOBERT : J'ai vécu dans un domaine pavillonnaire et quand j'y retourne pour les besoins d'une série, comme *Mytho* par exemple, j'ai une curieuse sensation. C'est des souvenirs d'enfance qui reviennent mais ils se mêlent à ceux de la fiction, grâce notamment à des films comme *Blue Velvet* ou *Edward aux mains d'argent*.

Dans ces banlieues, il y a des maisons quasiment toutes identiques et avec des pelouses qui sont très américaines. On n'en a pas beaucoup en France où les domaines pavillonnaires sont souvent très grillagés et où on se protège un peu des uns des autres. Mais moi, je vivais dans un domaine où la maison donnait sur des pelouses, la nôtre et celle des voisins, et l'on avait l'impression de vivre un peu les uns chez les autres. C'était rassurant quand j'étais enfant de me dire que je vivais un peu dans une « ville Playmobil », mais au bout d'un moment, notamment à l'adolescence, c'est devenu assez effrayant.

Et c'est pour ça qu'aujourd'hui ça m'intéresse de le réinvestir dans des séries parce que j'ai l'impression que l'on peut y raconter des choses à la fois assez belles et très atroces.

Benoît LAGANE : Ces banlieues que l'on voit dans vos séries répondent à une imagerie très américaine, or si pendant longtemps on a beaucoup vu les campagnes de l'Ouest dans le western, un espace plus urbain dans les séries policières et le cadre domestique dans les sitcoms, durant les trente glorieuses, une explosion de la représentation des *suburbs* s'est opérée. Quand vous vous lancez dans la série *Mytho* avec la romancière et scénariste Anne Berest, y avait-il l'idée de jouer avec ce paysage-là très identifié à la série américaine depuis 50 ans ?

F. G. : Le décor faisait partie intégrante du projet, et avec Anne Berest on avait des références communes là-dessus, des films et des séries comme *Desperate Housewives* où les gens sont obligés de vivre dans une fausse communauté. Ce que j'aime dans les domaines pavillonnaires c'est que c'est un endroit où l'on peut très facilement faire entrer la fiction, c'est très facile de se faire rencontrer les gens, c'est très facile d'imaginer que les gens cachent des choses et dans *Mytho*, pour y raconter le mensonge d'Elvira (Marina Hands), c'était parfait.

Ce que j'aime beaucoup, c'est que dans ce cadre chacun essaie de jouer un rôle. Elvira, par exemple, culpabilise de ne pas être une femme parfaite contrairement à sa voisine d'en face qu'elle peut observer de chez elle. Avouez-le, ce serait plus difficile à raconter si la série se déroulait dans un immeuble ! Ici, dans sa maison d'en face, elle la voit tous les matins, et tout semble parfait et c'est exaspérant pour Elvira.

La géographie de la banlieue pavillonnaire devient une arène idéale pour raconter l'histoire d'Elvira par rapport à sa famille et à ses voisins.

B. L. : Quelle place accordez-vous à l'influence de l'arène, de la géographie où se situe l'histoire, sur la psychologie du personnage ?

F. G. : Les deux sont intimement liés : sur *Les Revenants*, une des premières idées que j'ai eues quand j'ai commencé à réfléchir au projet, c'était que cela devait être une ville entourée de montagnes et dont on ne pouvait pas sortir. Il y avait donc cette idée que les gens étaient comme enfermés dans cet endroit-là. Et en même temps, il y avait ce barrage qui était comme une épée de Damoclès et qui les menaçait.

J'ai pensé aux personnages en même temps que le décor, et même s'ils sont très différents, ils ont comme point commun cette arène, ce cadre dans lequel ils vont évoluer.

Ce qui est agréable dans une série chorale c'est que tous les personnages ont quelque chose en commun, et souvent c'est le fait de vivre dans le même espace qui leur donne un socle commun.

B. L. : Est-ce que le choix de la géographie d'un récit change en fonction de la forme de l'œuvre, un unitaire, une minisérie ou une série plus longue ?

F. G. : Oui, évidemment, et pour une série, au-delà des contraintes de production qui obligent à identifier des lieux où l'on pourra tourner suffisamment de scènes, il faut définir assez vite l'environnement dans lequel va se dérouler le récit. Quand on revient d'épisode en épisode, on a besoin de retrouver des repères et des espaces identifiés. Je ne suis pas personnellement un grand fan des séries anthologiques où l'on change de héros et d'arène à chaque épisode, j'aime la récurrence qu'offre justement la série, retrouver les mêmes personnages et donc les mêmes décors, c'est très important pour moi.

B. L. : Pour moi aussi. C'est peut-être d'ailleurs pourquoi j'aime les séries et que je les associe très rarement au cinéma. La série me fait entrer chez des personnages fictifs que je vais finir par connaître dans leur intimité. Le fait de revenir à chaque épisode, pendant plusieurs années, dans le même décor, me permet de mieux les saisir, ce qui explique sans doute pourquoi, quand on traverse des paysages, des villages et des lieux réels qui nous font penser à telle ou telle série, on y projette des spectres ou souvenirs de nos héros de fiction. On longe une base militaire à l'abandon en pleine campagne ? Et c'est John Steed, Emma Peel ou Tara King de *Chapeau melon et bottes de cuir* que l'on espère croiser[1] ! On se promène dans les gorges du Verdon… même si elles ne ressemblent en rien à celles du Colorado et c'est la famille Macahan de *La Conquête de l'Ouest* qui fait son apparition dans ma mémoire. Et aujourd'hui, si je me promène près d'Annecy, je pense forcément aux *Revenants*…

Dans quel état d'esprit êtes-vous au moment de la préparation quand vous partez à la recherche de ces paysages qui vont vous permettre dans la série de déplier une potentialité infinie de récit ?

F. G. : Le barrage dans *Les Revenants*, c'est celui de Tignes et il m'était très familier parce que j'y étais allé tous les ans quand j'étais enfant. C'est très agréable de tourner dans des décors qui vous sont personnels. C'est pareil pour les personnages, on parle mieux des choses qui nous touchent soit parce qu'on les connaît, soit parce qu'on les a beaucoup étudiées.

Après, j'essaye de passer par le travail de photographes pour savoir comment je peux raconter ou montrer des espaces de façons différentes. Il y a des photographes qui reviennent souvent dans mon travail comme Raymond Depardon et Harry Gruyaert, un photographe belge, ils ont souvent filmé la France à chaque fois en montrant sa singularité. Ils vont photographier des espaces que l'on ne regarde plus et grâce au cadrage, à la lumière, ils vont les montrer autrement.

B. L. : Parmi ces photographes, vous avez souvent évoqué Gregory Crewdson qui a photographié l'Amérique quotidienne avec étrangeté. C'est une référence que vous avez en commun avec un autre téléaste, Hervé Hadmar (*Pigalle, la nuit*, *Les Témoins*, *Romance* ou *Notre Dame : La Part du feu*).

---

1 L'épisode « The Hour That Never Was » (s04e09, 1965) se déroule dans une base aérienne déserte.

F. G. : J'ai découvert Crewdson quand j'écrivais le film *Simon Werner a disparu* qui se déroulait dans une banlieue pavillonnaire et qui avait une dimension un peu autobiographique.

À l'époque je n'avais pas fait grand-chose de très spectaculaire visuellement. Je faisais des séries jeunesse et quand j'ai présenté mon projet à des producteurs, ils m'ont demandé de leur en dire plus sur la dimension visuelle de ce film.

Il y avait une exposition Gregory Crewdson à deux pas de la boite de production donc je leur ai dit : « Allez voir son travail et comme ça vous saisirez ce que je veux raconter ». Ils ont alors immédiatement compris mon envie de filmer des lieux ordinaires de façon un peu singulière en suggérant qu'à chaque instant du quotidien, il peut surgir des choses très incroyables.

Ce que j'aime beaucoup chez Gregory Crewdson, c'est quand il photographie des espaces de façon très très large avec des détails étonnants : une plaque d'égout ouverte avec une lumière qui en sort, une personne qui a l'air d'être figée dans un endroit, une voiture en panne au milieu de la route, etc. On n'a pas besoin de grand-chose pour se raconter une histoire en regardant ces photos-là.

Gregory Crewdson est effectivement revenu comme référence dans ma façon de travailler avec mon chef opérateur Patrick Blossier sur *Les Revenants*. Ce qui nous a nourris sur cette série et que l'on a gardé, c'était par exemple de toujours tourner à une certaine heure de la journée, entre chien et loup, pour avoir une lumière particulière et un cadrage très large qui ne se faisait pas encore beaucoup dans les séries françaises.

B. L. : Ce qui est intéressant au-delà des grands paysages et des décors extérieurs, c'est la petite géographie du quotidien qui se dessine notamment dans les intérieurs des maisons. La sitcom en particulier, mais elle n'est pas la seule, a imposé un certain type de salon, de cuisine. Dans *Mytho*, puisque nous sommes dans une banlieue pavillonnaire qui rappelle celle des *suburbs* américaines, l'intérieur de la maison d'Elvira est pensé pour que l'on s'y projette, à titre personnel, quasi immédiatement. Autour de cette table nous sommes tout de suite en terrain connu tant par ce qu'elle renvoie de notre quotidien domestique que par cette imagerie réinvestie qui rappelle un nombre incalculable de cuisines de séries.

F. G. : C'était vraiment l'idée de *Mytho* : avoir quelque chose de familier et d'étrange. Dans chaque décor, il y avait un mélange entre des choses très romanesques, et des choses très réalistes, et ce n'était pas évident à faire alors que sur *Les Revenants* grâce au fantastique c'était sans doute plus facile à jouer. Dans le cas de *Mytho*, il y avait ce défi de pouvoir se dire qu'on pourrait croiser Elvira au supermarché du coin comme la voir dans une série américaine.

B. L. : Comment les habitants du quartier où vous avez tourné *Mytho* ont-ils vu et compris votre façon de réinvestir leur cadre de vie, leur propre espace ?

F. G. : C'est quelque chose auquel on ne pense jamais et quand on est revenu sur place pour tourner la saison 2 de *Mytho*, j'étais un peu inquiet. J'avais dit des choses un peu maladroites dans des interviews, en disant que vivre là-bas c'était l'angoisse. J'avais donc un peu peur, je me demandais : « mais comment vont-ils nous accueillir », et finalement, j'ai eu une bonne surprise, ils avaient beaucoup aimé la saison 1, ils y ont vu l'humour et le décalage.

Les séries nous viennent beaucoup des États-Unis, ce qui explique aussi pourquoi on a tendance à jouer avec des références américaines assez naturellement, mais on n'invente pas les paysages français que l'on filme, ils rappellent peut-être des images largement investies par la fiction américaine, mais ils existent vraiment dans la réalité.

Dans *Mytho*, le domaine pavillonnaire où l'on tourne, c'est à Lésigny, en Seine-et-Marne. Il a été créé sur le modèle des *suburbs* américaines ou tout du moins pour recréer quelque chose dans cet esprit-là. Dans *Les Revenants*, le *diner* existe vraiment, il est à Annecy, et il y en a plein d'autres partout en France.

On est entouré dans notre vie de tous les jours d'éléments qui sont des transpositions de décors américain. Ce que l'on a essayé de faire avec *Les Revenants*, c'est de vraiment mélanger ces décors-là typiquement américains et de les intégrer à des HLM français à des mairies ou à des médiathèques qui sont très françaises. D'ailleurs ce qui était amusant sur le remake américain des *Revenants*, *The Returned*, c'est qu'ils filmaient les extérieurs du *diner* comme nous et cela n'avait pas de sens. Pour créer une étrangeté, ils auraient dû filmer un café français, mais bon, ils n'en ont pas. Nous, on avait filmé le *diner* de cette manière-là parce que c'était étrange dans notre paysage et que ça permettait de mélanger les repères, de perdre le spectateur, enfin, on voulait faire en sorte qu'il ne soit pas totalement déconnecté de la réalité, mais qu'il soit aussi prêt à accepter des choses que l'on ne voit pas normalement. Bon, pour être honnête, je n'ai regardé que le premier épisode de *The Returned* : si nous étions fiers d'avoir créé une série qui plaise suffisamment pour être adaptée à l'étranger, ça restait difficile pour nous de regarder comment ils avaient accaparé notre univers, notre géographie.

B. L. : Avez-vous eu des téléspectateurs qui sont partis à la recherche des lieux de tournages de vos séries, la maison d'Elvira ou le barrage des *Revenants* ? Je vous pose la question parce que c'est quelque chose que j'aime faire depuis toujours, par exemple, à Boston, rentrer dans le bar de *Cheers* et donc découvrir qu'en réalité ce n'est qu'une façade – logique, puisque la série était tournée à Los Angeles – ou de me rendre dans le château de *Downton Abbey*, Highclere Castle, et me rendre compte qu'il n'est pas du tout situé dans le Yorkshire. Je me souviens être allé dans mon enfance dans l'Aude sur les traces de la minisérie *L'Or du Diable* avec Jean-François Balmer qui était censée se passer à Rennes-le-Château et où il y avait, à en croire la fiction, un trésor wisigoth caché quelque part. J'ai été très déçu en me rendant sur place, rien ne ressemblait à la série… Il n'y avait pas internet à l'époque pour rechercher où la série avait été tournée et en fait, elle avait été tournée à 100 km de là, plus au nord.

F. G. : Pour *Mytho*, je ne sais pas si des téléspectateurs se sont rendus à Lésigny pour retrouver nos décors extérieurs, en revanche pour *Les Revenants*, il y a des fans qui se prenaient en photo devant des éléments de décor. Je suis fier de ça. Me dire que l'on a marqué l'imaginaire de spectateurs au point qu'ils retournent dans les lieux que nous avons filmés parce que ça leur évoque des émotions, ça me touche beaucoup.

Benoît LAGANE

GÉOGRAPHIE CROISÉE
DES SÉRIES CORÉENNES

Entretien avec les StellarSisters : Caroline et Élodie Leroy

Caroline et Élodie Leroy animent le site StellarSisters.com, le premier magazine en ligne français dédié aux séries coréennes.

Ioanis DEROIDE : 80 % des Coréens du Sud sont des urbains et Séoul – la capitale politique, économique et culturelle – concentre 1/5ᵉ de la population du pays (et la moitié si on considère toute l'aire urbaine qui inclut le grand port d'Incheon). Cela se traduit nécessairement dans les séries.

Caroline LEROY : Oui, jusqu'à récemment, la très grande majorité des séries sud-coréennes se déroulaient à Séoul. Encore aujourd'hui, il est rare qu'un drama ne place aucune scène dans la capitale. Certains quartiers reviennent souvent, à commencer par la place Gwanghwamun, un lieu chargé de symboles au cœur de Séoul. C'est à cet endroit que se déroule la fusillade du dernier épisode de la série d'espionnage *Iris* (KBS2, 2009), avec Lee Byung-hun, mais aussi, dans un style différent, les retrouvailles romantiques de Lee Min-ho et Kim Go-eun dans *The King : Eternal Monarch*[1] (SBS, 2020), à la fin de l'épisode 1. Dans la réalité, c'est notamment à cet endroit que se sont déroulées, en 2016, les manifestations demandant la destitution de la présidente Park Geun-hye. Le quartier huppé de Gangnam, avec ses larges avenues et ses hauts immeubles, revient souvent lui aussi, notamment dès qu'il est question d'écoles prestigieuses, comme dans *Moments of 18* (JTBC, 2019) et *Melancholia* (tvN, 2021), des nouvelles technologies, comme dans *Search : WWW* (tvN, 2019), ou encore de l'industrie du divertissement, comme dans *Sh**ting Stars* (tvN, 2022).

---

1   Nous choisissons de donner les titres internationaux (en anglais) des séries citées plutôt que les titres originaux (en coréen) parce que les spectateurs français connaissent plutôt les premiers que les seconds.

Élodie Leroy : Le quartier étudiant de Hongdae est caractérisé par sa
vie nocturne très festive, avec ses musiciens de rue et ses restaurants,
et apparaît lui aussi souvent dans les séries dont les héros sont jeunes,
comme *Reply 1994* (tvN, 2013), *True Beauty* (tvN, 2020) ou *Nevertheless*
(JTBC, 2021). Le quartier cosmopolite d'Itaewon² où se trouvent beaucoup d'étrangers (touristes ou expatriés) et des restaurants du monde
entier, a également les faveurs des dramas, par exemple dans *Itaewon
Class* (JTBC, 2020) avec Park Seo-joon.

C. L. : Busan, la deuxième ville du pays, fait également partie des décors
que l'on retrouve souvent dans les dramas. Un certain nombre de scènes
de *The King : Eternal Monarch* (SBS, 2020), par exemple, ont été tournées
dans cette ville, en particulier dans le quartier de Haeundae et dans la
forêt d'Ahopsan. D'autres villes sont mises en valeur, comme Yeosu,
dont les décors romantiques forment l'écrin parfait pour accueillir un
chapitre particulièrement poétique de *Temperature of Love* (SBS, 2017).

I. D. : Y a-t-il des lieux précis qui sont particulièrement récurrents ?

C. L. : Cela dépend des genres. Les séries romantiques affectionnent
la tour de Namsan (ou N Seoul Tower), car elle offre une vue à 360°
sur la ville et ses environs. Elle est bien mise en valeur dans *Boys over
Flowers* (KBS2, 2009). Dans ce type de séries, on tourne aussi souvent
dans des parcs d'attraction comme le Lotte Adventure World. Les personnages de la comédie romantique *Business Proposal* (SBS, 2022), qui a
cartonné sur Netflix, ont un rendez-vous amoureux dans ce parc. Dans
un drama plus ancien comme le mélodrame *Stairway to Heaven* (SBS,
2003-2004), le héros est l'héritier d'un conglomérat fictif qui gère ce
parc. Plus récemment, le drama de science-fiction *Alice* (SBS, 2020) y
inclut une scène d'action spectaculaire. Tout est permis et il est fasci-
nant de découvrir comment les dramas coréens utilisent les ressources
locales pour enrichir leur imaginaire.

É. L. : Depuis quelques années, dans les dramas qui mettent en scène
le monde des affaires, les personnages atterrissent souvent dans un bar

---

2   Ce quartier a récemment fait la une des médias internationaux à l'occasion d'un événement
     tragique : la bousculade survenue le 29 octobre 2022 lors de la célébration d'Halloween,
     qui a causé plus de 150 morts et autant de blessés (ndlr)

de luxe de Gangnam, le 29 Pub Champion Masstige, comme dans les récents *Why Her ?* (SBS, 2022) et *Again My Life* (SBS, 2022). Dans les thrillers qui se développent beaucoup depuis une dizaine d'années, on voit davantage de quartiers de ruelles labyrinthiques propices aux courses-poursuites et qui montrent bien l'organisation contrastée de la ville, entre grands axes et petites allées quasi piétonnes. Citons *Sans Issue / You're All Surrounded* (SBS, 2014), dont l'épisode 1 commence sur les chapeaux de roue avec une course poursuite déchaînée en voiture sur un grand axe, suivi d'une poursuite dans les rues commerçantes. Les poursuites à pied dans les ruelles étroites de Séoul sont également très présentes dans les polars, notamment dans *Stranger* (tvN, 2017) dès l'épisode 1 ou même dans la série réaliste *Live* (tvN, 2018), qui décrit le quotidien des policiers de proximité.

C. L. : Quant aux *sageuk*, dramas historiques dont l'histoire se déroule en majeure partie sous l'ère Joseon (1392-1910), ils utilisent quelques lieux dans la capitale, à commencer par le Palais Changdeokgung qui date du XVe siècle. Il a notamment été utilisé dans *Kingdom* (Netflix, depuis 2019) et plus récemment dans *Bloody Heart* (KBS, 2022), dont l'intrigue se déroule presque exclusivement dans l'enceinte d'un palais.

I. D. : Ces séries historiques, pour l'essentiel, où sont-elles tournées ? En Europe, il reste de nombreux monuments, quartiers ou villages hérités du passé, mais malgré tout, les tournages de fictions historiques sont toujours contraignants. Qu'en est-il en Corée ?

C. L. : Dans les *sageuk*, on voit beaucoup la montagne et la forêt, des grottes, des cascades qu'on peut trouver non loin de Séoul. On va choisir des paysages pittoresques, spectaculaires, de corniches, de promontoires. Les sites les plus photogéniques apparaissent dans plusieurs dramas. Par exemple, le même site exactement, sur le mont Obongsan, a été choisi pour accueillir les rendez-vous secrets des jeunes amoureux de *Saimdang : Memoirs of Colors* (SBS, 2017) qui raconte la vie de la poétesse peintre et calligraphe du XVIe siècle Sin Saimdang. On le retrouve également dans le premier épisode de *My Country : The New Age* (JTBC, 2019), qui raconte la fondation de la dynastie Joseon à la fin du XIVe siècle. Cette fois, l'immensité du décor sert à exprimer le fait que les personnages joués par Yang Se-jong et Woo Do-hwan ont toute la vie devant eux, avant d'être engloutis dans un tourbillon politique qui va mettre à mal leur amitié. Dans les deux cas, la montagne est vue comme un paradis perdu.

É. L. : De manière générale, la montagne est très présente dans les dramas historiques coréens, ce qui n'a rien d'étonnant pour un pays où les montagnes occupent 80 % du territoire. Elle est parfois utilisée pour figurer l'état psychologique des personnages. C'est le cas dans *The Crowned Clown* (tvN, 2019), où l'ampleur écrasante du décor souligne la portée dramatique de plusieurs scènes pivots du drama.

C. L. : Pour montrer la vie urbaine ou villageoise, le problème est qu'il reste peu de sites historiques utilisables. Les guerres et surtout l'occupation japonaise dans la première moitié du XXe siècle ont causé d'importantes destructions – les Japonais se sont acharnés à détruire le patrimoine coréen. Les tournages ont ainsi principalement lieu dans des décors reconstitués où l'on a aménagé des bâtiments, des rues, des commerces, etc.

I. D. : Comme les décors de western à Hollywood et les *movie ranchs* en Californie ?

C. L. : Oui, exactement. C'est le cas du Yongin Daejanggeum Park (anciennement MBC Dramania). Son nom vient de *Dae Jang Geum* (MBC, 2003-2004), un *sageuk* très connu. Il y a aussi le Minsokchon Korean Folk Village. Ces sites accueillent des tournages toute l'année et on peut aussi les visiter. Un troisième village, qui lui est authentique parce qu'il a été épargné par l'invasion japonaise, est utilisé. Il s'agit du Hahoe Folk Village, qui se trouve à proximité de la ville d'Andong. Ce village fondé aux débuts de l'ère Joseon est toujours habité aujourd'hui par les descendants des clans fondateurs.

I. D. : Revenons aux séries se déroulent dans le présent. En dehors des grandes agglomérations, qui accueillent la majorité des tournages, y a-t-il des lieux qui reviennent fréquemment ou qui sont à la mode ?

C. L. : On peut faire un cas particulier pour Jeju, une île de moins de 2000 km² située à 80 km au sud-ouest de la péninsule coréenne, mais à plus de 400 km de Séoul. C'est une île qui sert de décor à de multiples séries parce qu'elle est très connue des Coréens, très touristique et marquée par des particularismes culturels, des légendes et des traditions comme les fameuses *haenyeo*, ces plongeuses qui pêchent les fruits de mer. On les voit d'ailleurs dans le thriller *Voice 4* (tvN, OCN), issu de la franchise *Voice*, dont les trois premières saisons se déroulent à Séoul et la quatrième à Jeju. Les *haenyeo* occupent aussi une place importante dans *Our Blues* (tvN, 2022), une série chorale qui met bien en valeur la vie des habitants de cette île. Ce ne sont pas des productions de second ordre par rapport aux fictions qui se déroulent à Séoul. Par exemple, au casting d'*Our Blues*, on trouve Lee Byung-hun, qui est une grande star de cinéma et de télévision.

I. D. : Et au-delà des lieux les plus fréquentés ? Y a-t-il un intérêt pour les espaces périphériques ?

É. L. : On voit apparaître depuis quelques années des séries qui se déroulent en milieu rural, comme *Save Me* (OCN, 2017), dans laquelle il est question de l'emprise d'une secte dans un village, et plus récemment *Beyond Evil* (JTBC, 2021), un drama policier qui est établi dans une petite ville à une centaine de kilomètres au sud de Séoul.

C. L. : Ces dernières années, plusieurs fictions ont choisi comme *pitch* le citadin ou la citadine qui arrive à la campagne et doit surmonter des préjugés réciproques. Si on le résume comme cela, on a l'impression de quelque chose de très convenu mais les personnages secondaires sont souvent très riches et nuancés, comme dans *When The Camellia Blooms* (KBS2, 2019), une série qui suit son héroïne interprétée par Gong Hyo-jin dans une ville provinciale, mais aussi la vie de personnages restés à Séoul. *My Liberation Notes* (JTBC, 2022) est une autre série très réussie où les protagonistes, une fratrie de trois trentenaires célibataires, habitent à la campagne mais vont travailler à Séoul, ce qui est un autre moyen d'opposer et de connecter les deux types d'espaces. Ce qu'on voit dans cette série, c'est une région qui est à 1h30 en train de la capitale mais qui est désertée par les jeunes. Et le monde paysan, qui est celui des parents des héros, est très bien filmé : le travail, le mode de vie…

É. L. : Cette tendance à accorder de plus en plus de visibilité à la campagne ne se limite pas aux fictions. C'est là qu'il faut dire un mot des *outdoor variety shows*, ces émissions de télé-réalité très populaires entièrement tournées en extérieur, et qui mettent en scène des animateurs et des célébrités (acteurs, chanteurs). Ces derniers s'affrontent éventuellement à travers des jeux, mais le plus important est qu'ils vont à la rencontre des « vraies gens ». Un programme comme *1 Night, 2 Days* (KBS2, depuis 2007), par exemple, transporte les animateurs du show un peu partout sur le territoire coréen. Cela a sans doute contribué à changer le regard sur les zones rurales : on voit les participants entrer en contact avec les habitants, participer au travail, aux activités agricoles. Au-delà du divertissement, il y a l'ambition de montrer la Corée aux Coréens et de retisser des liens entre urbains et ruraux et entre les générations, parce que les campagnards sont plus âgés.

I. D. : Si l'on prend de la distance, les séries coréennes ont-elles le goût – et les moyens – de tourner à l'étranger ? Peut-on citer des séries d'expatriés ? Ou bien des séries très internationales où l'on passe d'un pays à l'autre ?

E. L. : La question des moyens intervenait peut-être il y a dix ans, mais aujourd'hui, les budgets sont conséquents – l'industrie coréenne est l'une des plus puissantes du monde. Une série comme *Bulgasal : Immortal Souls* (tvN, 2021-2022), par exemple, a coûté plus de 30 millions d'euros, tandis que la saison 1 de *Arthdal Chronicles* (tvN, 2019) dépasse les 40 millions d'euros de budget. Cependant, même si les séries coréennes tendent à viser de plus en plus un public mondial par le biais des plateformes (Netflix, Disney+, etc.), la plupart d'entre elles s'adressent avant tout au public coréen et parlent des Coréens, de leurs préoccupations. On sent aussi une envie de faire connaître au monde l'histoire et la culture coréenne. Cette identité coréenne forte constitue d'ailleurs un élément de différenciation important par rapport aux séries occidentales et participe pleinement à leur succès à travers le monde.

C. L. : Les séries tournées à l'étranger sont effectivement rares, et si on met à l'antenne un drama qui a tourné des scènes à l'étranger, nous pouvons être sûrs que ce sera mis en avant dans la promotion. Avec ses scènes tournées à Los Angeles et Las Vegas, *All In* (SBS,

2003), une série centrée sur le monde du jeu avec Lee Byung-hun, était une exception à son époque. De même, la série d'espionnage *Iris* (KBS2, 2009), a frappé un grand coup avec des scènes très spectaculaires tournées en Hongrie. À l'époque de sa diffusion, c'était la série coréenne la plus chère jamais produite. Parmi les séries récentes, citons *Narco-saints* (Netflix, 2022), dont le tournage s'est déroulé en partie en République dominicaine, et *Vagabond* (SBS, 2019), qui a été tourné en partie au Maroc et au Portugal : la scène où Lee Seung-gi, l'un des acteurs coréens les plus populaires, court sur les toits de Tanger et accomplit certaines de ses cascades lui-même a fait parler d'elle. Enfin, citons le cas intéressant d'*Arthdal Chronicles* (tvN, 2019), qui plante son décor dans un monde fictif et dont le tournage s'est déroulé en grande partie au Brunei.

É. L. : Dans le genre romantique, on peut citer la trilogie des *Lovers* sur SBS : *Lovers in Paris* (2004), puis *Lovers in Prague* (2005) et enfin *Lovers* tout court (2006), qui a été tournée sur l'île chinoise de Hainan [en mer de Chine méridionale].

I. D. : Cela montre que l'Europe n'a pas ou n'a plus l'exclusivité de l'imagerie romantique mais demeure tout de même le continent de prédilection pour les tournages loin de la Corée.

C. L. : Oui. Dans les dramas, il est souvent question des États-Unis, mais généralement c'est parce qu'un personnage y part ou en revient. On a une scène à l'aéroport – les dramas adorent les scènes d'aéroport – et puis c'est tout. Pour l'Europe, c'est plus concret, même si les séries s'en tiennent souvent à une vision touristique, comme dans *The Package* (JTBC, 2017) où on voit Paris, le Mont Saint-Michel… Mais ces séries internationales restent minoritaires : la très grande majorité des k-dramas sont tournés sur le territoire coréen. Ces dernières années, les tournages à l'étranger ont de plus été rendus plus difficiles à cause du Covid : par exemple, *Vincenzo* (tvN, 2021), dont une partie se déroule en Italie, a été tourné entièrement en Corée, les décors italiens ayant été créés numériquement en post-production. L'illusion est parfaite.

É. L. : Pour en revenir à l'imagerie romantique, notons que l'Europe n'en a pas d'exclusivité. Le drama fantastique *Goblin : The Lonely and*

Great God (tvN, 2016-2017), dont le couple vedette (Gong Yoo et Kim Go-eun) est devenu mythique, est aussi une belle publicité pour le Canada !

I. D. : Vous disiez qu'on pouvait voir de nombreuses scènes d'aéroport à la télévision coréenne, alors qu'elles sont rares dans les séries européennes et pas si fréquentes dans les séries américaines : comment l'expliquer ?

C. L. : Les dramas vont utiliser l'aéroport pour des scènes de toute sorte : rencontre, déclaration d'amour, arrestation, poursuite, scène d'adieu… Il y a deux aéroports à Séoul : celui d'Incheon (pour les vols long-courriers) et celui de Gimpo (pour desservir l'Asie orientale). Pour aller à Jeju, les Coréens prennent l'avion et on le voit dans les séries. Elles montrent une société très tournée vers les mobilités géographiques avec des départs, des arrivées, en avion mais aussi en transports terrestres.

É. L. : On voit souvent la gare routière de Séoul (Seoul Express Bus Terminal) dans les dramas : c'est le point central d'un réseau de lignes de cars très confortables qui relient les différentes régions à la capitale. Dans *Duel* (OCN, 2017), les personnages de Jung Jae-young et Yang Se-jong se rencontrent dès l'épisode 1 dans un bus à l'arrêt venant de Busan. Ils ont poussé le réalisme jusqu'à tourner la scène exactement sur le quai correspondant à cette ligne – nous l'avons vérifié par nous-mêmes un peu par hasard en nous rendant à Busan par ce moyen de transport !

I. D. : Vous utilisez ce mot de « réalisme », et en effet jusqu'à présent nous avons surtout cité des exemples de séries réalistes. Peut-on aussi dire un mot des séries qui relèvent des genres de l'imaginaire ? Quel est leur rapport au territoire ?

C. L. : Le lien avec le territoire se ressent dans les dramas fantastiques, dont les intrigues sont souvent étroitement liées au folklore local. La figure du *gumiho*, le renard à neuf queues, est récurrente dans les séries. Cette créature des montagnes, qui prend souvent la forme d'une jeune femme pour attirer les hommes et dévorer leur foie, est la cousine coréenne du *kitsune* japonais. On le retrouve dans *My Girlfriend Is a Gumiho* (SBS, 2010), où un jeune homme relâche accidentellement un *gumiho* piégé dans une peinture dans un temple situé en pleine montagne. Dans *Gu*

Family Book (MBC, 2013), le *gumiho*, qui est cette fois un homme, a élu domicile au Mont Jiri, une des trois montagnes majeures du pays. Récemment, *Bulgasal : Immortal Souls* (tvN, 2021-2022) revisite la légende d'une autre créature immortelle du folklore coréen, le Bulgasari, pour en faire un personnage monstrueux et romantique vivant dans la montagne.

É. L. : Généralement, les esprits et créatures mythologiques sont associés à l'univers de la campagne dans les séries. Même dans un drama urbain comme *The Guest* (OCN, 2018), dans lequel il est question de possession démoniaque, l'esprit maléfique vient de la mer – sous-entendu de l'étranger – et s'attaque d'abord à un petit village, avant de s'inviter à Séoul pour atteindre le monde politique. Dans le drama *The Cursed* (tvN, 2019), qui est écrit par Yeon Sang-ho (le réalisateur et scénariste du long-métrage *Dernier Train Pour Busan*), le démon vient du Japon et fait voyager les personnages à travers le territoire coréen. Dans ce drama, il est d'ailleurs question des *mudang*, ces chamanes qui sont majoritairement des femmes et influencent le monde politique. À ce propos, dans la plupart des dramas fantastiques, même urbains, les personnages se rendent à un moment où à un autre à la campagne et assistent à une scène de chamanisme. Cela montre que même si les dramas coréens s'adressent de plus en plus à un public international, les histoires sont toujours résolument ancrées dans la culture, les traditions et le territoire coréens.

Ioanis DEROIDE

FAIRE MONDE

Entretien avec Florian Besson

Docteur en histoire médiévale, spécialiste des croisades et des États latins d'Orient, Florian Besson travaille également sur les médiévalismes contemporains, notamment dans la fantasy.

Ioanis DEROIDE : Comment les séries opèrent-elles leur ancrage dans l'espace ?

Florian BESSON : Aucune série de fantasy ne porte réellement une attention particulière à la géographie, pas plus qu'à l'économie ou à la physique des particules... La géographie n'est utile et utilisée que si elle sert la narration. Ce n'est donc pas une surprise si c'est surtout la géographie politique et géopolitique qui est mise en avant, aux détriments de la géographie culturelle, économique, sociale, etc. On en voit parfois quelques aperçus : un personnage va parler de la richesse de telle ville, expliquer l'état de telle route, mentionner l'existence de telle forêt. Mais c'est toujours, forcément, pour servir la narration, et c'est normal.

Dans cette optique, il y a tout de même une volonté des séries de s'ancrer dans l'espace, qu'il s'agisse d'un espace historique (l'Angleterre du IXe siècle dans *The Last Kingdom*) ou fictif (Westeros dans *Game of Thrones*). C'est logique : l'espace est le décor, la première chose qu'on voit, il faut donc qu'il soit un minimum réfléchi afin de servir au mieux le récit. Plus la série est ambitieuse, plus les décors seront diversifiés : pensons à l'évolution de *Kaamelott*, qui passe d'une série tournée en caméra fixe dans quelques décors intérieurs (la salle à manger, la chambre, la salle de bain, etc.) à une série tournée dans la vaste et magnifique Rome antique reconstituée à Cinecittà.

I. D. : Qu'en est-il de la diversité des paysages et des peuples ?

F. B. : En termes de paysages, la plupart des séries de fantasy et, en général, des œuvres de fantasy, privilégient des paysages contrastés : en gros, la montagne enneigée, le désert, la forêt (dans laquelle on croisera toujours des brigands) et enfin la grande ville, avec son lot d'intrigues politiques. Cela permet aux séries de diversifier facilement leurs décors, et généralement chaque paysage est associé à un type de peuple (par exemple, les peuples qui vivent au nord sont le plus souvent des barbares brutaux et barbus), ce qui n'est pas sans évoquer la théorie des climats.

Plusieurs de ces choix s'expliquent par des contraintes logistiques et pratiques : si peu de scènes se passent en pleine mer, c'est que filmer des scènes maritimes est extrêmement coûteux ; on préférera donc filmer l'embarquement ou le débarquement et glisser rapidement sur la traversée en elle-même. C'est ce qu'on retrouve par exemple dans *Kaamelott* : dans le livre V, on voit Merlin partir pour Rome ou Arthur arriver en Bretagne, sans que la traversée ne soit montrée. D'autres choix renvoient à des clichés géographico-historiques : les peuples vivant dans les déserts sont le plus souvent calqués sur les Arabes et les Bédouins, par exemple.

I. D. : Les cartes jouent un grand rôle dans la fabrication des géographies imaginaires

F. B. : La fantasy adore les cartes ! Pour le dire rapidement, tout un volet de la fantasy, souvent le plus connu, s'est donné comme ambition, dans la continuité du projet tolkienien, de « créer un monde » cohérent, avec son histoire, ses textes, ses lois, ses peuples, ses langues, etc. Dès lors, doter son livre de cartes permet de renforcer cet aspect de « wordbuilding » : la carte joue à la fois comme une promesse de sérieux et de cohérence et comme une invitation au voyage, pleine de toponymes mystérieux et fascinants. Le monde tolkienien est à la fois précisément cartographié et en même temps très « ouvert » : les marges orientales ou septentrionales n'apparaissent pas sur les cartes alors même qu'on y fait parfois référence dans l'intrigue. Le monde est donc plus vaste et plus riche que la carte qui ouvre le livre.

Cette volonté de « faire monde » s'est complexifiée par la suite : le monde de *Game of Thrones* est en effet particulièrement vaste et précisément représenté. Mais on retrouve finalement un peu la même chose que chez Tolkien : l'essentiel de l'intrigue se passe « au centre », dans un royaume très occidental, tandis que les marges exotiques sont peu représentées. Là où *Game of Thrones* se démarque, c'est dans l'abondance des cartes. Il y a bien sûr celle du célèbre générique, il y a la carte de pierre de Peyredragon (Dragonstone) et il y a toutes ces scènes avant une bataille où les personnages principaux se réunissent autour d'une carte pour y étudier le terrain. Ces scènes nous sont profondément familières alors même qu'au Moyen Âge, dont tant de séries de fantasy s'inspirent, elles auraient été impossibles et impensables.

En effet, à l'époque médiévale les cartes sont très rares et coûteuses : ce sont des objets précieux qui ne s'emploient pas sur un champ de bataille. Dans les chroniques, on voit des combattants préparer une bataille en dessinant le terrain sur le sol, preuve qu'ils n'ont pas de cartes. En outre, le rapport à l'espace des médiévaux est totalement différent, il passe par une connaissance fine du territoire, qui est connu et approprié mais pas forcément représenté. Aujourd'hui, quand on achète une maison, le notaire nous montre le cadastre pour qu'on repère notre bien sur une carte ; à l'époque médiévale, on fait une liste pour situer le bien par rapport à d'autres (« de la rivière jusqu'au grand chêne, du chêne jusqu'au puits d'un tel... »), mais sans passer par la médiation d'une carte. Paradoxalement, c'est sûrement *Kaamelott* qui cerne le mieux ce rapport spécifique à l'espace : quand Perceval s'énerve en répétant qu'il « ne comprend rien aux cartes » et force Arthur et Lancelot à renoncer à leurs « termes techniques » pour tout lui expliquer par rapport « au sens du courant de la rivière », on est très proche de la manière dont les médiévaux pensent et utilisent le territoire.

Plus généralement, si les séries de fantasy actuelles représentent aussi souvent les cartes, c'est aussi parce que celles-ci sont omniprésentes aujourd'hui : dès que nous lançons une recherche sur nos téléphones pour aller quelque part, nous utilisons une carte. Dès lors, les créateurs et créatrices de série projettent dans leurs univers, sans trop de réflexion, cette manière de se représenter l'espace.

Ioanis Deroide

SÉRIES-THÉRAPIE

Le regard d'une psy sur les névroses
et les psychoses des personnages de séries

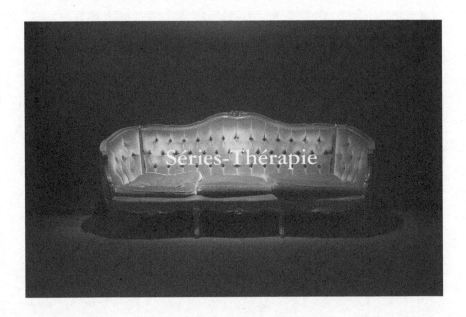

ÉPISODE 4 : *GAME OF THRONES*, LA SAGA SUR LE DIVAN

Entre mythes fondateurs et troubles narcissiques chez Daenerys Targaryen et Cersei Lannister

Dans les sept royaumes de Westeros, tandis que réapparaissent dragons et autres figures mythiques ancestrales, plusieurs familles se battent pour accéder au Trône de Fer. Entre intrigues politiques cruelles et assassinats spectaculaires, danses d'amour et de haine, batailles inoubliables et luttes continues pour savoir qui sera le roi ou la reine, l'histoire palpitante de *Game of Thrones* a rendu des millions d'individus accros. Comment l'expliquer ? Des ressorts tragiques dignes des mythes antiques et des œuvres de Shakespeare avec ses amours impossibles et ses morts violentes ? Des enjeux sociétaux : chacun se bat pour le pouvoir avec la menace des marcheurs blancs qui pèse au loin, sorte d'allégorie de nos questions écologiques ? Ou le fait que chaque personnage soit confronté à une problématique œdipienne ?

Si on reprend l'histoire, force est de constater que le complexe d'Œdipe (et ses dérivés) est à l'œuvre partout : Tyrion Lannister tue son père et commet un inceste du troisième type – il couche avec l'esclave Shae qui avait également couché avec son père ; Cersei Lannister transgresse l'interdit de l'inceste en couchant avec son frère, Jaime Lannister : Joffrey Baratheon en est le pur produit monstrueux. Et même Jon Snow, le bâtard, dont la transgression est involontaire puisque les liens sont méconnus (comme pour Œdipe), couche avec sa tante, Daenerys Targaryen. De fait, la question de la transmission et de la malédiction est au cœur de la série et avec elle toute la possibilité de liens complexes et souvent toxiques. Pourquoi ? Parce qu'il s'agit de jeux de pouvoir : « jeu de trônes ».

Il s'agit donc bien d'un jeu : une espèce de grand échiquier où, à chaque instant, on risque d'être mis échec et mat. Dans ce contexte, difficile de croire à l'amour, grande problématique névrotique. De fait, la question ne devient pas tant la possibilité d'un lien affectif sain mais de la victoire sur les autres, quoiqu'il en coûte, parce que gagner c'est sauver sa peau, et nourrir une faille narcissique béante si difficile à combler. Pas étonnant donc que, dans cet univers, deux grandes femmes de pouvoir soient traversées par des troubles d'ordre narcissique : Daenerys et Cersei.

Cette dernière incarne la méchante qui a la rage d'être assignée à une place. Quand elle était enfant, une sorcière lui a révélé, comme un mauvais oracle, que tous ses enfants mourraient et qu'elle serait la victime malchanceuse d'une infamie terrible. Parce qu'elle a entendu cette révélation maudite, Cersei va se retrouver dans la situation de la réaliser ; tout comme Laïos, le père d'Œdipe, qui, voulant échapper à son destin, a éloigné Œdipe de la cour. Ce faisant, croyant se protéger de ce que lui avait annoncé la Pythie, à savoir que son fils le tuerait et épouserait sa femme, il a permis à sa destinée de s'accomplir ; puisque c'est à cause de la méconnaissance de son père qu'Œdipe le tue sur le chemin de Thèbes.

En renouant avec la question des luttes parricides et fratricides, *Game of Thrones* fait écho aux grands mythes fondateurs de notre société ; si bien que la série propose une dramaturgie à la fois universelle et contemporaine. Mettant en jeu le narcissisme, la compétitivité et la lutte pour le pouvoir bien trop souvent à l'œuvre dans notre monde actuel, qui a tant de mal à se raconter, la série donne à voir un univers où les limites sont abolies et où tout est permis. De fait, elle met en scène nombre de personnages qui frisent avec la folie, sans pour autant être totalement décalés. Ils sont en réalité représentatifs des états-limites, état intermédiaire entre névrose et psychose.

Les personnalités limites se présentent en effet comme une « astructuration », c'est-à-dire un type de personnalité à la lisière entre problématique névrotique et psychotique. Si les « états-limites » recouvrent, à mes yeux, plusieurs formes : borderline (ou caractérielle), narcissique ou perverse, il m'a semblé intéressant dans ce nouveau volet de *Saison* de me concentrer sur les personnalités narcissiques. L'idée est de les mettre en lumière par rapport aux personnalités hystériques et surtout de nous faire voyager cette fois au cœur de la géographie étonnante de *Game of Thrones* en nous concentrant sur les deux personnages féminins évoqués plus haut : Cersei Lannister et Daenerys Targaryen, l'idée étant de comprendre comment se présente une personnalité narcissique.

Mais avant d'accueillir sur mon divan Daenerys et Cersei, quelques définitions me semblent nécessaires.

Si l'expression d'état-limite regroupe un certain nombre de « troubles » de la personnalité, tous se manifestent par des relations de dépendance intense, une grande vulnérabilité dépressive (que le sujet cherche par tous les moyens à éviter) et une vie affective plutôt chaotique, sans pour autant rendre l'adaptation sociale impossible.

D'après les recherches menées par Jean Bergeret, les états-limites seraient dus à « des troubles narcissiques » (de la relation du sujet à sa propre image) entraînant une angoisse de « perte d'objet » – l'objet étant, pour le sujet, constitutif de sa propre image, dont la perte est susceptible de causer une réaction dépressive sévère. L'objet peut être une personne idéalisée avec laquelle le sujet noue une relation de dépendance affective, appelée « anaclitique », nécessaire à sa survie ; comme si la personne avait besoin d'une « béquille » pour exister et sans laquelle elle serait réduite à néant. Il peut également s'agir d'un toxique : nourriture, alcool, médicament, drogue, etc.

Les individus état-limites ont souvent du mal à reconnaître leurs dépendances ou problématiques. De fait, elles entrent peu fréquemment en thérapie, à moins d'un traumatisme (deuil, etc.), d'un accident ou d'un conflit professionnel ayant pu entraîner un épisode psychiatrique aigu (dépression, crise anxieuse). On retrouve souvent chez ses personnes une grande capacité à investir et à désinvestir la réalité relationnelle, passant de l'adoration à la détestation.

Bien sûr cette description ne colle pas telle quelle aux personnages de *Game of Thrones* puisque les seuls éléments de leur histoire que nous connaissons vous et moi, mon cher lecteur, sont ceux que les romans ou la série nous offre. Autrement dit, ce que je propose ici ne se veut pas absolument certain ; toutefois, je souhaite me prêter à l'expérience en imaginant avoir reçu dans mon cabinet cette semaine Tyrion Lannister, pour vous donner un exemple d'hystérie au regard de deux problématiques narcissiques qui suivent, celles de Daenerys et Cersei.

TYRION LANNISTER,
ENTRE BESOIN DE RECONNAISSANCE ET THÉÂTRALITÉ

Quand Tyrion se présente à moi, il a déjà beaucoup évolué, passant du soûlard et client des bordels à celui de conseiller ou Main de la Reine Daenerys. Il m'explique que sa mère est morte lors de sa naissance et que son physique lui a valu le rejet de presque tous ses proches, y compris de son propre père. Or, avec ce dernier, il alternait généralement entre deux types d'attitude : la première à travers laquelle il cherchait à obtenir une forme de reconnaissance, et la seconde, provocatrice, qui le conduisait à agir en tout point en opposition avec les principes paternels. Si ce comportement l'a amené à tuer son père, au sens propre ; étonnamment, c'est par cet acte de parricide qu'il a pu commencer à se libérer et ainsi à emprunter un chemin de développement personnel.

Quand Tyrion raconte son histoire, il apparaît clairement qu'il cherche à provoquer de l'empathie chez celui qui l'écoute. Son besoin extrême d'approbation et d'attention sont des éléments typiques d'une névrose hystérique, que le meurtre réel du père semble entériner (puisque, nous l'avons vu plus haut, nous sommes ici face à une problématique œdipienne majeure). Les manifestations de cette hystérie se perçoivent dans la puissance de l'ego de Tyrion, qui a du mal à reconnaître que les autres puissent percevoir son comportement comme manipulateur, excessif ou superficiel. Et pour cause, il n'en a pas conscience. Toutefois ce besoin viscéral d'être reconnu et aimé l'amène à faire l'expérience de certaines difficultés dans ses relations sociales, générant colère et mauvaise humeur.

En même temps séduisant et impulsif, Tyrion exprime ses émotions de façon si exagérée que cela le rend à la fois attrayant et difficilement compréhensible ; car ses choix ne semblent pas toujours rationnels. Il semblerait en effet que récemment, cherchant à obtenir l'aval constant de la Reine Daenerys, il se soit perdu dans de « mauvaises » décisions l'amenant à éprouver une forte sensation de découragement. Ayant le sentiment d'être incapable de convaincre les autres et notamment la Reine, il risque de sombrer dans un état de dé-pression. En ce sens, il est clair que ce qui meut Tyrion Lannister n'est pas tant le pouvoir qu'une soif incommensurable d'être aimé. Mais être aimé d'une reine narcissique, c'est faire le pari impossible de remplir le tonneau des Danaïdes. Pour sortir de sa névrose, Tyrion aurait besoin d'amour et d'accueillir sa vulnérabilité (le drame de sa naissance et de son physique malheureux), de pouvoir panser la plaie du rejet grâce à l'amour inconditionnel d'un être qui ne chercherait pas à l'utiliser ; ce qui dans le cas présent rend le dépassement de la névrose impossible car il est peu probable qu'une personnalité narcissique, comme celle de Daenerys, soit capable d'un tel amour.

DAENERYS TARGARYEN OU LA FOLIE DES GRANDEURS

Et en effet, quand Daenerys Targaryen franchit la porte de mon cabinet je découvre une jeune femme au premier abord attachante. Je comprends alors l'élan de Tyrion. Toutefois, je perçois rapidement en elle le besoin de grandiose qui l'anime. Très jeune, Daenerys a été vendue par son frère, qui l'a trahie. Mais comprenant presque aussitôt comment prendre de l'espace et du pouvoir, Daenerys est parvenue peu à peu à conquérir de grandes armées et à être aimée de ses sujets. Persuadée qu'elle mérite un traitement unique, parce qu'elle serait « spéciale », Daenerys apparaît comme une jeune femme brillante et particulièrement intelligente. Toutefois, son pouvoir et son charme cachent en leur for intérieur des fantasmes de succès illimité, typiques d'un trouble de la personnalité narcissique. Daenerys a en effet la conviction de ne pas être suffisamment appréciée. Étant dans une demande excessive d'admiration de ses propres qualités, elle a tendance à exploiter les autres, notamment Tyrion Lannister. Capable de mépris et d'arrogance, si elle a pu parfois faire preuve d'empathie (ce qui est assez rare chez les personnes narcissiques) avec les esclaves qu'elle a libérés par exemples, ou avec certains conseillers et amis, dont elle a pris soin « comme une mère », il lui est assez insupportable d'être le témoin d'une reconnaissance attribuée à autrui. Car Daenerys est constamment en compétition. Elle veut être la « meilleure ». Elle a une revanche à prendre sur le monde. Son seul rêve, son unique objectif, ce qui la maintient en vie est un enjeu de pouvoir : prendre le trône de fer et devenir la Reine de Westeros. En ce sens, il n'y a pas de place pour l'amour chez Daenerys où tout est soumis à la réalisation de ce but, visant à combler sa faille narcissique. De fait, le seul moyen de dépasser le trouble serait de lui faire admettre sa vulnérabilité au moment de la trahison de son frère et d'accepter sa fragilité, ce dont elle semble à priori incapable. Toutefois l'empathie dont elle a su faire preuve parfois laisse entrevoir un certain espoir ; ce qui est moins le cas de ma dernière patiente issue de *Game of Thrones* à s'être étendue sur mon divan, Cersei Lannister.

CERSEI LANNISTER, LA « REINE FOLLE »

Quand je découvre Cersei, la première chose qui me saute aux yeux, c'est sa beauté : une femme aux traits fins et extrêmement élégante, ce qui contraste de prime abord avec la multitude de meurtres dont elle est accusée. On pourrait lui donner le bon Dieu sans confession et pourtant...

Cersei est une jeune femme qui a grandi dans une société ultra-patriarcale. Soumise à son père puis à son mari, Robert Baratheon, violent avec elle, elle a, toute sa vie durant, été mise en quelque sorte à l'écart du pouvoir, tout en étant témoin de ses rouages et de la violence qu'il implique. Cette violence justifie à ses yeux son besoin de vengeance viscéral à l'égard de son mari pour lequel elle éprouvait un profond dégoût. Elle n'a d'ailleurs pas choisi son époux puisqu'il s'agissait d'un mariage arrangé. Cette agressivité toutefois pourrait trouver son origine dans la haine éprouvée à l'encontre de son père. Si Cersei semble s'en défendre, la piste du transfert d'agressivité n'est pas à négliger. De fait, il y a chez elle l'impression insupportable d'être soumise, du fait de son statut de femme, à la loi des hommes. D'où un sentiment de persécution. Mais au-delà de son rejet pour l'autorité patriarcale, Cersei ne reconnaît pas les tabous de la société traditionnelle, notamment celui de l'inceste. Elle a du reste couché avec son frère jumeau Jaime.

Quand cette relation est évoquée, Cersei la justifie comme une pratique ancienne des rois Targaryen. À l'image des pharaons, ceux-ci, d'essence divine, entretenaient des relations charnelles avec des membres de la fratrie. Or cette référence aux dieux va tout à fait dans le sens d'une personnalité narcissique : Cersei a une conception idéalisée d'elle-même, un Idéal du Moi très fort. Un clivage probablement lié au trauma de la mort de sa mère, perdue trop tôt.

Alors qu'elle était encore petite, son père l'a un jour surprise en train de prier le ciel pour qu'il lui rende sa maman ; il se serait alors exclamé : « Les dieux n'ont aucune pitié. C'est pour cela qu'ils sont des dieux ». Depuis, Cersei s'est détournée de la religion et ne comprend absolument pas ce qui a pu pousser son dernier fils, Tommen, à croire à tout cela. Est-ce la raison pour laquelle elle ne semble éprouver aucune culpabilité quant à son suicide ? Cela ne paraît pas évident. La piste de l'incapacité à aimer réellement, typique des personnalités narcissiques apparaît plus probable. Toutefois, la mort de Tommen la renvoie à celle de ses autres enfants, notamment le décès de sa fille Myrcella. De fille sans mère, Cersei est finalement devenue mère sans fille, comme si tout autre femme issue d'elle-même était vouée à disparaitre.

Et pour cause : Cersei est une narcissique typique, qui ne perçoit pas les autres comme des personnes réelles et entières mais comme des prolongements d'elle-même. Elle est incapable de faire la part des choses et nourrit une conception manichéenne d'elle-même et du monde, entre noir et blanc. La plupart d'entre nous est capable de se considérer avec des nuances de gris : nous savons que nous sommes capables d'être bon et mauvais, avec nos forces et nos faiblesses, etc. Cersei ne partage pas cette vision de la réalité. Elle se pense soit exceptionnelle, soit totalement nulle et sans valeur. Du reste, c'est cette croyance terrible qui fonde ses comportements : persuadée de n'être rien, elle se sent endommagée et veut absolument être parfaite, développant alors, à partir de son complexe d'infériorité un complexe de supériorité qui la place au-dessus de tous les autres.

Pour Cersei, le monde se divise en deux : les « entités » soit « entièrement bonnes » soit « entièrement mauvaises ». Et c'est également le cas pour elle-même. Au lieu d'appréhender son Moi dans ce qu'il contient de bon *et* de mauvais, elle les dissocie pour se défendre psychiquement. Sa tendance à dissocier reflète son incapacité à se percevoir elle-même comme étant à la fois bonne et mauvaise. La plupart d'entre nous savons que nous sommes susceptibles de faire le bien, mais aussi le mal, nous nous reconnaissons comme capables d'actes répréhensibles, voire condamnables, etc. Au lieu d'appréhender cette vérité complexe, Cersei se place soit en femme exceptionnelle, une quasi déesse, soit en victime incapable de rien. Autrement dit, elle passe son temps à s'auto-convaincre ou bien qu'elle ne vaut rien, ou bien qu'elle est irréprochable et parfaite. Or c'est cette perfection apparente qui saute aux yeux au premier abord. Cersei est physiquement magnifique et extrêmement intelligente, et elle le sait. Mais ce masque de perfection, cette « persona » pour reprendre un terme de Carl Gustav Jung, cache en réalité une peur profonde d'être « détruite » : persuadée que si elle n'est pas parfaite, elle sera anéantie. Ce mécanisme de défense lui permet au fond de se protéger de la douleur émotionnelle subie enfant par la perte de sa mère d'abord puis par l'idée de perdre à nouveau un être cher; si bien que Cersei est finalement incapable d'aimer qui que ce soit pour lui-même. D'où son manque total d'empathie.

Tout amour éprouvé par Cersei est teinté de narcissisme. Quand Cersei aime, ce qu'elle aime en son prochain, c'est le fait qu'il soit une extension d'elle-même. En narcissique typique, elle expérimente une fragmentation de soi-même, qu'elle va tenter de combler avec la personne qu'elle a élu comme objet d'amour. Plutôt que d'aimer Jamie ou ses enfants comme ils sont (des personnes à part, avec leurs forces et leurs faiblesses propres), elle les dissocie pour les placer dans la catégorie des gens « parfaits », puisqu'ils sont comme une extension d'elle-même. Si elle pense à Jamie ou à ses enfants comme à des êtres chers, c'est parce qu'ils sont son sang et donc une partie d'elle-même. De fait, en tant que tels, ils se doivent eux aussi d'être parfaits. Mais qui il sont véritablement, cela n'a que peu d'importance car Cersei est incapable d'aimer véritablement. En réalité, elle ne pourrait jamais éprouver d'amour pour quelqu'un qui ne serait pas elle-même. Ainsi, si son premier amour se porte sur Jaime, c'est justement parce qu'il est son jumeau et qu'il lui ressemble. Il fait miroir, comme le reflet de Narcisse dans l'eau. Tomber amoureux de son jumeau apparaît donc comme la forme la plus poussée de l'amour de soi au sens du narcissisme exacerbé. Du reste, aussitôt Jamie parti, Cersei couche avec son cousin, qui, à nouveau, se manifeste comme une autre extension d'elle-même.

C'est ce même mécanisme qui explique la froideur de Cersei face à la mort de Tommen. Pour Cersei, les gens sont « elle » ou ils « ne sont pas elle ». Sur ce point, Tommen n'était plus elle depuis qu'il avait rejoint la Foi et abandonné sa famille. Ayant montré de la faiblesse, de la crédulité et de la stupidité, l'ayant abandonnée, il n'était déjà plus rien à ses yeux, d'où son manque total d'émotion et son indifférence.

Si contrairement à Joffrey ou à Ramsay, la Reine ne semble pas tirer de joie à la souffrance des autres, elle n'éprouve par autant d'empathie ou des remords. Tout ce qu'elle fait, elle le fait pour le pouvoir, qui pourrait, de son point de vue, être considéré comme nécessaire à sa survie. De fait, si son fils était désormais contre elle, sa mort lui est indifférente ! Toutefois, ce clivage est là encore un révélateur de sa faille narcissique. Cherche à combler le vide absolu d'une existence où aucun amour véritable n'est possible, sa soif de pouvoir qu'elle ne pourra jamais, au fond, être étanchée. Et c'est pourquoi cette *soif se* retrouve dans sa dépendance à l'alcool, puisque Cersei passe en effet beaucoup de son temps à boire du vin. Un besoin terrible au fond de fuir une réalité trop insupportable à appréhender.

Dès lors, même si l'affection que Cersei témoigne aux autres (à ses enfants notamment) ressemble à un amour « normal » (au sens où elle exprime de la tendresse envers eux, en voulant les protéger à tout prix), il s'agit d'un lien très vide, voire d'une absence de lien puisque ce qui régit alors la relation est une succession d'abandons potentiels : si tu te différencies de moi, tu disparais et plus rien n'existe. Tu peux mourir, cela n'aura aucun impact.

Or c'est ce rapport à l'Autre si particulier que l'on retrouve chez le deux Reines de Westeros. Chacune se nourrit d'autrui pour combler ce qui lui manque et qui trouve son origine dans les drames d'un passé douloureux. Toutefois, n'ayant pu psychiquement dépasser ces traumas, Daenerys et Cersei se sont forgées une carapace où la vulnérabilité – et, avec elle, l'amour qui nécessite une capacité à donner à voir ses fragilités – n'a pas sa place. Il n'est donc pas étonnant que ni l'une ni l'autre n'ait pu résoudre sa problématique œdipienne. La dépasser nécessiterait en effet une capacité à gérer la frustration qu'elles n'ont pas acquise. Et pour cause, il existe un sentiment d'exclusion dans la résolution de l'Œdipe : à savoir renoncer au père et à la mère.

Si, en célébrant les tabous fondateurs, *Game of Thrones* permet de les mettre au jour, le succès de la série s'explique alors probablement par le fait qu'en mettant en lumière nos ombres les plus profondes, elle nous soulage d'une part d'angoisse : celle, terrible, d'être abandonné, rejeté ou trahi et de ce fait de ne plus nous envisager de façon manichéenne comme ou tout blanc ou tout noir, mais de nous penser dans nos zones grises d'êtres humains. En mettant ce clivage en scène de l'autre côté de l'écran, la fiction remplit alors parfaitement son rôle puisqu'elle recouvre ainsi toute sa dimension cathartique.

Emma SCALI

RUBRIQUE LIVRES

Reed HASTINGS et Erin MEYER, *La règle ? Pas de règles ! Netflix et la culture de la réinvention*, Paris, Harper Collins, Poche, 2022 (2020).

Le titre de l'ouvrage co-écrit par Reed Hastings, co-fondateur de Netflix, semble prometteur. Il ne s'agit pourtant pas d'un livre sur la ligne éditoriale de la plateforme, créée en 1997, qui a révolutionné le monde de l'industrie cinématographique et audiovisuelle, mais d'un propos sur le management et la « culture » de cette entreprise. Les deux sujets sont toutefois étroitement liés, car des anecdotes sur le choix ou le développement de séries sont livrées comme des cas exemplaires et symptomatiques des résultats positifs d'un management innovant.

Le lien entre succès entrepreneurial et « modèle Netflix » est plutôt bien établi dans nos perceptions de cette plateforme. Lorsque le parcours du directeur général de Netflix, Ted Sarandos, est évoqué c'est sous une forme sérielle : « Si Netflix devait créer une mini-série sur Ted Sarandos, son directeur général du contenu, aujourd'hui multimillionnaire, on le découvrirait sûrement, enfant dans les années 1960, assis en tailleur devant l'écran bleuté de la télévision dans un quartier pauvre de Phoenix, Arizona, étranger au chaos semé par ses quatre frères et sœurs autour de lui » (p. 31). Les *success stories*, qui traitent d'enrichissement et d'accès au pouvoir, sont en effet au centre de plusieurs des mini-séries les plus regardées de la plateforme, comme *Narcos* ou *House of Cards*. La ligne que suit et que défend Netflix, c'est celle du rêve américain, du *self-made man* (*and woman*), peu importe que le succès en question en passe par la criminalité et la corruption.

Le modèle de management promu par l'entreprise place quant à lui en son centre la créativité : pour la nourrir et l'entretenir, il faut beaucoup d'autonomie, de flexibilité, de liberté. Cela implique une absence de contrôle, de validation, mais aussi un emploi du temps laissé à la libre appréciation de chacun, de la confiance, et de la transparence. Somme toute, il s'agit de traiter ses subordonnés en collaborateurs et de les considérer comme des adultes responsables. Netflix fait ainsi le pari de la confiance, quitte à essuyer quelques plâtres ; cette perte est considérée comme négligeable au regard des profits générés. Mais ce modèle ne fonctionne qu'avec ce que le livre désigne comme des « talents », plus particulièrement des talents hors normes. Traiter les N-1 en pairs ne fonctionne donc qu'avec des personnels capables d'être des N+1. L'ambition de Netflix est ainsi d'embaucher les meilleurs et de se donner les moyens de les garder en bonne intelligence, autrement qu'en exigeant une loyauté à tout prix. Non pas que le personnel de Netflix ne soit incité à être « corporate », mais que le fait que quelqu'un soit courtisé par d'autres entreprises n'est pas vu comme défavorable, au contraire. C'est le signe que cet employé a de la valeur et une « cote », cote qu'il est nécessaire d'évaluer et d'ajuster en permanence.

En quoi cette culture d'entreprise propre à Netflix, et qui a fait grincer des dents ou a, au contraire, inspiré d'autres structures, dit-elle quelque chose de sa production audiovisuelle ? Sur le plan de la ligne éditoriale, il s'agit aussi pour Netflix d'augmenter l'exigence de qualité. Ce que mettent en avance les co-auteurs de cet ouvrage, c'est que les séries produites par Netflix sont, soit les plus regardées, comme *Stranger Things* (p. xviii), soit ont été primées, comme *La Casa de Papel* (p. xx). « Aux États-Unis, ces dernières années, Netflix a reçu plus de 300 nominations aux Emmy Awards, remporté de nombreux Oscars. Ses dix-sept Golden Globes, plus que n'importe quelle autre chaîne ou service de streaming, lui ont permis en 2019, de décrocher la première place dans le classement national annuel du Réputation Institute, en tant qu'entreprise la plus estimée d'Amérique » (p. xix).

Fort de ce succès éclatant, l'ouvrage présente les arcanes de son management comme un modèle transposable à d'autres entreprises, par-delà les GAFAM et les start-up du numérique de la Silicon Valley. Netflix a révolutionné la rétribution des producteurs, qui rentrent dans leur frais dès l'achat par la plateforme là où la rémunération proportionnelle au nombre d'entrées peut mettre en difficulté ; la plateforme a aussi bouleversé, en France, la chronologie des médias en France, réduisant le temps entre la diffusion en salle et la mise à disposition sur les plateformes numériques de 36 mois à 17 en 2022. Mais ce sont aussi l'écriture et le format des séries qui ont été réinventées. En encourageant le *binge-watching*, Netflix a sorti la série du rendez-vous périodique rassemblant une communauté. Avec le développement du format des mini-séries à regarder en ligne, le lien à une communauté doit être généré d'une autre manière, tant il reste au cœur de l'engouement pour un produit de divertissement culturel. Cette autre façon de fédérer passe par le choix de sujets, de castings, de ton.

Si l'on explore dès lors cet ouvrage par la mention des séries, on trouvera parmi les premières *Blacklist* (p. 32) : à propos de cette série, lors d'une réunion, un subordonné prend la liberté de contester une décision de Ted Sarandos. La leçon de management qui en est tiré est la suivante : « le jour où tu garderas pour toi tes commentaires parce que tu crains pour ta popularité, alors il faudra que tu quittes Netflix »… La série *Stranger Things*, elle, fait l'objet de plusieurs mentions. Est d'abord indiqué que sa commande était le premier « fait de gloire » d'une nouvelle recrue, Brian Wright, auparavant vice-président senior chez Nickoledeon. La deuxième mention loue la « densité de talents » Netflix comme étant au cœur du succès de la série : « Nous avons réussi à produire *Stranger Things* car les membres de cette équipe étaient tous extraordinairement compétents. » Ainsi plusieurs personnels ont-ils rempli une mission différente de celle qui leur était impartie au nom de la réussite de l'entreprise. « Laurence, aux finances, était censée surveiller l'argent. Mais tout en gérant en professionnel sa mission d'origine, il a endossé le rôle de producteur exécutif, y consacrant la totalité de son temps libre » (p. 96). Cette assertion semble *a priori* contradictoire avec l'injonction de laisser aux employés des congés illimités. Elle exemplifie pourtant tout à fait le mot d'ordre donné au même chapitre : « Agissez au mieux des intérêts de Netflix » (p. 73). Sa formulation évoque l'impératif catégorique de Kant, revisité pour la prospérité de l'entreprise.

La lecture de l'ouvrage ne peut empêcher de faire question. En lisant des phrases comme « Chez Netflix (…) nous vivons dans une bulle d'excellence dans laquelle tout le monde est ultra-performant. (…) Les gens se remettent en question les uns les autres, ils construisent des arguments et chacun pris séparément est presque plus intelligent que Stephen Hawking », on se demande où est passée l'humilité nécessaire à l'acceptation de la critique pourtant prônée en permanence, et qui constitue une clé du management contemporain…

Car une question reste en suspens : le modèle managérial de Netflix est placé sous le signe de la créativité et de l'excellence ; est-il pour autant placé sous celui de l'éthique et du bien-être au travail ? Les employés ponctuellement moins performants sont licenciés, le principe en étant

assumé comme nécessaire au maintien d'une productivité maximum…
Au-delà des changements opérés dans le monde de l'industrie cinématographique et audiovisuelle, Netflix entend donc, avec cet ouvrage,
diffuser sa « culture d'entreprise » autour du monde (p. 298), en tenant
compte des ajustements nécessaires à chaque pays. Ce nouvel objectif
est donné dans des termes qui rappellent le prosélytisme évangélique :
« Répandez la bonne parole partout dans le monde ! » est ainsi le titre
du chapitre 10 (p. 301).

Mais la transparence prônée par Netflix n'est évidemment de mise
qu'en interne. Si cet ouvrage permet de comprendre quelles sont les
stratégies de développement techniques ou éditorial de l'entreprise, en
revanche l'accès à la culture d'entreprise propre à Netflix permet de
saisir à quel point la proposition entrepreneuriale qu'elle présente est
bien celle d'une « réinvention », c'est-à-dire d'une flexibilité et d'un
renouvellement permanents. Il est pourtant à noter que la marque
au N rouge subit, depuis la crise sanitaire, un contrecoup : la revue
professionnelle *Le film français* indique dans son numéro du 8 juillet
2022 que Netflix vient de procéder à « deux vagues de licenciements »
et à une réflexion sur l'intégration de publicités. « On assiste à moins
d'annonces ronflantes depuis quelques mois, et le temps de la critique
est venu », précise Laurent Cotillon, directeur exécutif du magazine, qui
indique également que Netflix reste le service préféré des Américains,
à 31 %, mais qu'il est talonné par HBO Max, à 19 %, concurrent qui
arrive en première position en termes de valeur perçue, à 85 %, là où
Netflix n'obtient que 65 %.

Si Netflix prône bien une « culture de la ré-invention », il semblerait
bien que le temps de se réinventer est venu.

Élodie PINEL

RÉSUMÉS

Jean-Yves PUYO, « *Deux ans de vacances*. Du livre au feuilleton : le *merveilleux géographique* interrogé »

Type particulier de littérature romanesque inventé par Jules Verne, les romans géographiques véhiculent ce que Lionel Dupuy nomme le *merveilleux géographique*. À travers l'étude de *Deux ans de vacances* (1888), nous nous proposons de répondre à la question suivante : le passage de l'écrit à l'écran – avec le feuilleton télévisé franco-germano-roumain du même nom réalisé par Claude Desailly (1974) – est-il préjudiciable à ce qu'il fit à son époque le succès du support écrit, à savoir le merveilleux géographique ?

Mots-clés : roman géographique, merveilleux géographique, *Deux ans de vacances*, Jules Verne, Claude Desailly.

Ioanis DEROIDE, « Le *TV noir, urbi et orbi* »

D'abord indissociables des centres-villes de quelques métropoles états-uniennes, les séries relevant du genre noir se sont progressivement aventurées à partir des années 1960 dans d'autres territoires : d'une part dans d'autres grandes cités américaines, et d'autre part dans les espaces moins denses des *suburbs*, de la campagne ou de la *wilderness*. Cette ouverture est aussi générique, les séries noires ne se limitant plus au policier pour intégrer des éléments western, fantastiques ou *teen*.

Mots-clés : film noir, ville, *suburb*, *wilderness*, genre fictionnel.

David NEUMAN et Fabien VERGEZ, « La Gotham de *Batman*, une géographie des peurs américaines »

La série animée *Batman*, apparue en 1992, constitue une matrice esthétique pour les productions qui suivront, autour du héros masqué, en hybridant le courant noir des années 1930-1950 à l'iconographie des comics. Elle invite également à penser la spatialité de la ville américaine à l'orée des années 1990, incarnée par la dualité psychologique du personnage et sa galerie emblématique de vilains.

Mots-clés : Batman, série animée, villes, urbanités, Gotham.

Julie AMBAL et Florent FAVARD, « *"Guys, where are we?"* Trouver son chemin sur l'île de *Lost* »

Au croisement des études de l'urbain et de la narratologie, nous analysons la façon dont dans *Lost* la mobilité des personnages dans les multiples espaces de l'île manifeste leur quête de sens. Trois schèmes sont explorés : subversion du modèle de la robinsonnade, transgression des frontières et ambivalence entre mouvements centripètes et centrifuges. L'article montre en quoi la structure du monde fictionnel sert l'esthétique du détour proposée par la série, et conditionne et accompagne l'évolution de son intrigue.

Mots-clés : narratologie, études spatiales, mobilité, *worldbuilding*, frontière.

Anne-Lise MELQUIOND, « *The Walking Dead*, une géographie de l'apocalypse »

The Walking Dead est une série du déplacement, odyssée des personnages à la recherche d'un refuge et d'une société idéale et sécurisée. Pourtant dans chaque lieu, le groupe doit se cacher pour se protéger des zombies mais aussi des survivants. Cette contradiction est au cœur de la fiction sérielle : faut-il rester ou partir ? Faut-il se cacher ou prendre la route ? Mais alors, quelle route emprunter ? Les espaces de l'Apocalypse sont marqués par des oppositions, la catastrophe instituant la fracture du monde.

Mots-clés : *road movie*, western, *gated communities*, murs, zombies.

Nathalie BAILBE, « *Person of Interest* et New York. Géographiquement vôtre »

Les concepts de la géographie mis au service de l'attractivité d'une série ? Ne serait-ce pas la démarche des auteurs de *Person of Interest*, sortie aux États-Unis en 2011 ? New York y est filmée comme une ville mondiale, lieu de puissance et emblème de l'*American dream*, et comme un territoire maîtrisé par les héros, très difficiles à localiser, eux, même s'ils ne cessent de déambuler dans cette ville-personnage labyrinthique, reflet du monde réel et virtuel.

Mots-clés : ville-monde, labyrinthe, New York, territoire maîtrisé, puissance.

Achevé d'imprimer par Corlet,
Condé-en-Normandie (Calvados),
en Janvier 2023
N° d'impression : 179456 - dépôt légal : Janvier 2023
Imprimé en France

CLASSIQUES GARNIER

Bulletin d'abonnement revue 2023
SAISON
La revue des séries
2 numéros par an

M., Mme :

Adresse :

Code postal :   Ville :

Pays :

Téléphone :   Fax :

Courriel :

Prix TTC abonnement France, frais de port inclus		Prix HT abonnement étranger, frais de port inclus	
Particulier	Institution	Particulier	Institution
▪ 25 €	▪ 33 €	▪ 31 €	▪ 39 €

Cet abonnement concerne les parutions papier du 1er janvier 2023 au 31 décembre 2023.

Les numéros parus avant le 1er janvier 2023 sont disponibles à l'unité (hors abonnement) sur notre site web.

Modalités de règlement (en euros) :
- ▪ Par carte bancaire sur notre site web : www.classiques-garnier.com
- ▪ Par virement bancaire sur le compte :
  Banque : Société Générale – BIC : SOGEFRPP
  IBAN : FR 76 3000 3018 7700 0208 3910 870
  RIB : 30003 01877 00020839108 70
- ▪ Par chèque à l'ordre de Classiques Garnier

Classiques Garnier
6, rue de la Sorbonne – 75005 Paris – France
Fax : + 33 1 43 54 00 44
Courriel : revues@classiques-garnier.com

mis à jour le 01/09/2022

Abonnez-vous sur notre site web :
www.classiques-garnier.com